淘宝天猫直通车运营

精准引流与推广优化实战

震宇 海蓝 ◎编著

人民邮电出版社

北京

图书在版编目（ＣＩＰ）数据

淘宝天猫直通车运营 ： 精准引流与推广优化实战 /
震宇，海蓝编著. -- 北京 ： 人民邮电出版社，2018.4（2024.7重印）
ISBN 978-7-115-47708-8

Ⅰ. ①淘… Ⅱ. ①震… ②海… Ⅲ. ①电子商务－商
业经营－中国 Ⅳ. ①F724.6

中国版本图书馆CIP数据核字(2018)第005194号

内 容 提 要

淘宝直通车自上线以来，已经成功地帮助了很多卖家打造爆款、引爆流量，从而提升了店铺销售业绩。

本书围绕淘宝直通车运营推广逻辑，通过落地的实操方法指导商家快速学习和掌握直通车运营推广技巧，提升产品点击率和转化率。全书结构清晰、内容丰富，涵盖直通车运营的方方面面：首先，介绍直通车的基本概念和基础操作；其次，解析如何优化直通车关键词、图片、人群标签等；最后，给出提高产品转化率的流程和方法。

本书的内容由浅入深，表述通俗易懂，适用于淘宝、天猫店铺运营从业者阅读，同时也可作为淘宝培训机构或者学校电商运营相关课程的辅助教材。

- ◆ 编　著　震 宇　海 蓝
　　责任编辑　恭竟平
　　责任印制　周昇亮
- ◆ 人民邮电出版社出版发行　　北京市丰台区成寿寺路 11 号
　　邮编　100164　　电子邮件　315@ptpress.com.cn
　　网址　https://www.ptpress.com.cn
　　涿州市般润文化传播有限公司印刷
- ◆ 开本：700×1000　1/16
　　印张：13　　　　　　　　2018 年 4 月第 1 版
　　字数：212 千字　　　　　2024 年 7 月河北第 16 次印刷

定价：59.80 元

读者服务热线： (010)81055296　印装质量热线： (010)81055316
反盗版热线： (010)81055315
广告经营许可证：京东市监广登字 20170147 号

推荐语　阿里技术专家和千万级TOP商家联合推荐

干货满满的一本直通车实战秘籍，作者拥有多年的直通车实操和培训经验，从基础知识到针对性的优化指导，辅以案例分析，娓娓道来。直通车背后的逻辑、权重等更是作者的经验之谈，经过了大量的实操和案例验证。

——前阿里巴巴技术专家　黄　旭

这是一本少有的聊直通车实战的图书，本书的作者之一海蓝是一个脚踏实地的人，程序员出身的他，将自己关于直通车的经验，结合技术呈现出独特的想法。希望这本书能够为想要尝试以及正在接触直通车的人带来很大的帮助！

——阿里巴巴技术专家　李　平

当你还在为做店没有思路、开直通车没有方向而焦虑的时候，一定要静下心来好好看看这本书。到今年为止我进入淘宝已经有10个年头了，看过的书、去过的培训机构数不胜数，但是没有读过一本这么良心制作的书，它居然有那么多干货。这是一本从原理上讲直通车，真正把直通车理论讲透讲明白的书。市面上的很多培训机构只教方法或技巧，但只要淘宝算法一调整，这些方法就会失效，然后它们又会把新的方法卖给你。其实这些方法、技巧都是围绕原理创造出来的，当你掌握了原理，你也可以成为别人眼中的"车神"，创造出你自己的玩法。这本书给我的启发还是挺大的，它没有绚丽浮夸的文字，字字直击要点。不管你是刚接触淘宝的新人，还是和我一样在淘宝摸爬滚打多年的"老人"，我都推荐你看看这本书，看完之后你会对直通车有新的认识！

——莎尚伊旗舰店运营总监　阿　亮

一个人，会有6年的小学时光、3年的初中时光、3年的高中时光，也应该会有4年的大学时光；而我，自从接触御佳的那一刻起，就知道我还会有一辈子的"御佳时光"。借用一位名人的话，也是我深信不疑的话："没有人会因为学习而倾家荡产，但一定会有人因为不学习而一贫如洗。"

——洛饰奇网络科技有限公司运营总监　占军利

做事认真细致、专注于自己的领域，宇哥、海蓝就是这么稀有的两位专业导师。愿意毫无保留地分享自己经验的人不多，愿意分享且有能力讲解得透彻明白的就更稀有了。他们用自己的经验耐心细致地帮助过很多学员和店铺，帮助许多卖家解决了疑难问题。我们很期待他们的作品，因为它一定能帮到更多的人。

——ROYAL LIVESHOW 洛华丽秀品牌运营师　黄耀杰　林育浩　许　炜

为人师，传道、授业、解惑也。作为震宇老师的学员，个人觉得宇哥对得起"老师"这个称呼。作为御佳第12期学员，我接触过很多期的老学员，最深刻的一个体会是，很多老学员通过御佳的培训使自己的业绩产生了翻天覆地的变化。很多学员与之也由单纯的师生关系变成亦师亦友，包括本人。很感谢御佳、宇哥给我的企业带来的一些变化，让我在频繁变化的电商环境中不迷失自己，找到自己清晰的发展方向。衷心感谢！

——指路者电商CEO　吴文祥

本书是震宇老师关于直通车大数据分析与整合的经验之谈。内容都是通过大量实践得来：什么是直通车，为什么"开车"，"开车"有什么用，以及"开车"要注意哪些……通过对这些问题的剖析讲解，让广大的电商朋友少走了很多弯路。

——SSHOR旗舰店总经理　曾庆笔

一个机缘让我遇见了震宇老师，并参加了御佳的第13期培训，真是感触良多。这不仅仅改变了我对关键词、直通车的看法以及操作方式，同时对阿里权重的运算原理也有了深入的了解，在自己店铺实操后产生了翻天覆地的变化，业绩翻倍增长。一个机缘、一场好培训、一位好老师、一个月的实操，成为我人生的转折点。感谢宇哥，让我再次尊称你一声"老师"。现在，这种机缘不再由我独享——震宇老师将它通过《淘宝天猫直通车运营：精准引流与推广优化实战》分享给大家，相信大家通过此书能够迎来自己人生的转折点！

——松研电器旗舰店、TOS旗舰店CEO　卜一波

我从2011年开始做淘宝，虽然对搜索和直通车一直有研究，但是对于如何建立自己的词库一直缺少方法，2016年6月有幸参加了御佳直通车线下培训，学习了很多关于直通车实操方面的知识，对我的帮助很大，特别是关于如何建立词表、如何选词、如果优化关键词等，老师都讲得非常详细。不管你是刚刚操作直通车的新人，还是已经操作过数年直通车的"老人"，只要认真学习，并按照书上所说的去操作，都会有很大的收获。

——zomio佐米欧定制运营师　王　坤

做淘宝，做电商，我们总会遇到这样或那样的问题，但又无法和身边的同行切实沟通，无法和家人愉快地畅聊。初识御佳时，我恰好处于迷茫期。认识海蓝、认识宇哥之后，我及时在电商的大环境中快速找到了自己的定位，也认识了越来越多的"大咖"。谢谢御佳！

——义乌市丰色电子商务有限公司 资深运营师　张　健

认识震宇和海蓝将近一年的时间了，一直亦师亦友。淘宝的变化很大也很快，每一次变更，我总能从御佳这里获取及时且行之有效的应对方法。他们对电商运营有自己独特的见解和高效能的运作手法，可以说我这几年的业绩离不开他们的指导和帮助。授人以鱼不如授人以渔，相信震宇和海蓝的力作定能让你受益匪浅。

——东京衣柜男装工作室运营师　许文洋

做电商七八年了，当初自以为对这一行也有了不少了解，一度觉得自己做得还不错，直到听了老师的课，我才彻底明白了自己的浅薄无知，醍醐灌顶的感觉让我改变了以往的操作思路，更加注重对大数据的关注、对直通车数据的探索，根据数据变化对店铺运营做出各种调整，从而得到了不少收获。真的很感谢老师，是他带领我找到了一条正确又有效的路径。这次的相识让我不仅领略到一个高明老师的风采，更让我结识了一个一生的挚友。

——亚太旗舰店老板兼运营师　陈贤闯

亦师亦友，一辈子的良师！一辈子的朋友！

——新生彩旗舰店总经理　阿　斗

御佳犹如雪地的火堆，在我遇到困难、停滞不前的时候给我温暖，让我振作；也似春天的微风，让我刚刚萌芽的思绪开花结果。在遇到御佳之前，我像是一个毛头小子，对问题锲而不舍却不能迎刃而解。两位老师从直通车的基础开始，让我真正了解了直通车的核心，教我如何优化质量分，使我得到了真正的提升；多次给我的店铺诊断、查找问题并帮我一起解决。很期待老师的作品，能够让更多的人受益，让更多的人面对直通车不再迷茫。

——卓越鸟旗舰店老板兼运营师　江里福

《淘宝天猫直通车运营：精准引流与推广优化实战》是震宇老师的倾心之作。我做天猫6年，以前因为一直没有亲自参与运营，一直在电商的迷林中艰难前行。一个偶然的机会，我走进了御佳的课堂。刚入御佳，作为年龄最大、基础最差的学员，我一时并没有很快地扭转窘境。在参加御佳广东沙龙的一次聚会时，身背公司倒闭压力的我情绪失控，震宇老师买了啤酒和烧烤安慰我，并请海蓝老师仔细诊断了我的店铺，对我说："龙爷，你每期都来复训，御佳的复训是全免费的。从基本功下手，如果起不来，你把我这里砸了。"我也定下心来，看到朋友阿亮从迷茫电商到加入御佳后日销800单的经历，我也开始有了信心。慢慢地，我的店铺也起来了。我跟震宇老师开玩笑说，"我要送您一面锦旗，但如果日销太少，显得御佳人太没有含金量了。等日销过10万元的时候，我就送给您一面锦旗。"当时只是戏言。2017年8月25日晚上23点，龙瑞诗皇冠店单店日销售额达102 880元，因为工作太忙，仓库发货压力大，我实在抽不出时间去杭州，所以，只能将锦旗先寄了过去。"电商高铁，良师益友"，这是我的心里话，也是御佳的真实写照。加入御佳的每一个人，都把自己当成了御佳的一分子，在一个圈子里共同帮助，相互扶持。我的成长离不开阿亮、蚊子、成其、樑煜等众多好朋友、好同学的帮助和扶持。感谢御佳，感谢大家，幸运有你们！

——南通龙耀纺织品有限公司总经理　龙红阳

自 序
Preface

　　近6年的淘宝之路，一路走来风风雨雨。每个淘宝卖家都不容易，每天的工作时间超过16个小时。除了吃饭和睡觉，他们的脑袋里想的一直都是店铺、数据、顾客。随着推广的成本越来越高，在2016年的时候，我就萌生了要写一本关于淘宝直通车的书，系统地介绍淘宝直通车这个推广工具，因为在每一次和商家的接触过程中，我都发现，中小商家中鲜有人系统地学过这个工具，很多做得好的经验都是从日常推广的过程中积累下来的，做得不好的商家的直通车基本上处于停滞或混乱的状态。

　　2016年上半年，我有一个学员整整亏损90万元。他找了服务公司，让其代理运营直通车；销量是做起来了，但是钱没有赚到。

　　2014年年底，伴随着农村电商的发展，我开始走不一样的运营道路，尝试走出去分享更多的运营经验。我是一个来自农村的孩子，我期望能够把自己的经验分享给需要学习电商知识的农村小伙伴，让他们少走一些弯路，这是我的初心。带着能够帮助更多商家的愿景，我走上了"讲台"，成了一名电商讲师。图P-1所示是我们第一次飞去新疆上电商培训课的情景。图P-2所示为我们在杭州塘栖政府进行农村电商培训。

图P-1　第一次飞去新疆上电商培训课

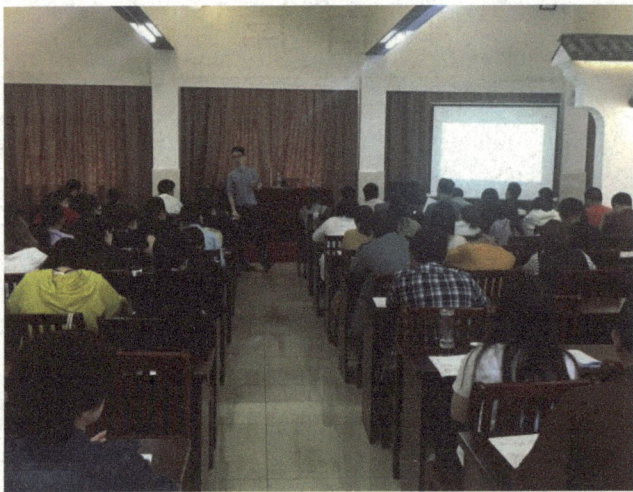

图P-2 在杭州塘栖政府进行农村电商培训

讲台是一个神圣的地方，任何一个讲师都要"敬畏三尺讲台"，我不敢有丝毫的松懈。无论听我课的是新手卖家、小卖家抑或是大卖家，当我踏上讲台，我就要为自己所讲的内容负责。很多理论能简则简，否则一句话绕来绕去讲1～2个小时，课程的时间是变长了，但是学员被绕晕了。

如果我们不尽自己所能去让学员有所收获，在讲台上糊弄学员，终有一天讲台会把我们"踢下来"，让我们从此与它无缘。

2016年下半年，我们创立了"御佳直通车内训"，迄今我们已经完成了14期培训（如图P-3所示）。随着接触到的商家层级越来越高，我们很难再有精力去服务基础不是很好、做淘宝不是太久的那些商家了。很多人问我：为什么不做一个初级的内训课程？我曾经做过策划，还把课程的大纲也写完了，但最后我还是放弃了。写好脑图之后我发现，我们根本就没有时间去做这个事情——没有培训师！可能很多人会觉得，要解决这个问题不是很简单吗？请老师、招聘助教，不就解决了吗？那么质量呢，我怎么去保证？在御佳的内训课程里，有海蓝和我两个人可以亲自带，我们可以保证质量，这样我们才可以放心地做培训。一旦某一天我们的课程交给了助教或者外聘的讲师，我们就没有办法100%地放心，可能对不起商家托付的责任。所以，考虑之后我们最终还是放弃了初级的课程班。

图P-3　御佳直通车内训

　　另外，我们内训课程的定位是做好做精，而不是做量，所以能够接触到的商家数量是有限的。

　　在以上两种情况下，我一直在思考如何才能在有限的精力下去帮助更多的商家成长。

　　结合自己所研究的领域以及我的梦想，我萌生出写一本关于淘宝直通车的书的想法。因为直通车本身对商家来说是一个烧钱的工具，所以对直通车是否了解、能不能用好直通车，首先关系到推广的效率问题；其次，在现有的情况下它也是产品能否引爆的关键。

　　我咨询过身边的一些朋友，大家都不太赞成我去花时间写这样一本书，因为纯技术类的书，生命周期比较短。比如现在写一本管理类的书，那么可能3～5年以后回头再看，里面的内容也不会过时；但是淘宝技术类的书就不一样了，淘宝平台的更新速度很快，很难让一本纯技术类的书能够"活"很长的时间。

　　也正因为这个原因，我一直在犹豫。我跟海蓝讨论过很多次：直通车从2008年到现在，中间经历过很多变化，但是大的算法模型的更新其实并不多。也就是说，关于底层算法和原理的内容在相当长的时间里还是相对稳定的，而这一部分内容也正是我们平常在操作的时候容易忽略的。

　　所以我调整了之前的一些思路，更多地从系统的原理和底层算法的维度去解析直通车。有一句古话："有道无术，术尚可求；有术无道，止于术。"平常我们在运营店铺的时候，更多纠结于"术"的层面，如果不跳出来，那么我们其实很难获取大的成功。相反，如果我们从"道"的层面去运营店铺，那么我们就会站得比较高，看得也会比较全面。而且我觉得，未来的电商趋势也需要我们更多地站在"道"的层面去考虑。

关于知识更新的问题，我也有所考虑。面对未来的读者，我们可以建立一个社区，大家可以相互讨论，也方便我更新信息。这样也弥补了这本书不能解决某些问题的遗憾。

这样，就不妨碍我去把这本书写完。问题总会有很多，但是我们总能够找到这样或者那样的解决办法；也许不尽完美，但是至少我们可以去践行自己的梦想。

当然，我也意识到自己知识层面的问题。对于淘宝直通车，我们也并不能说自己已全盘了解。我和海蓝在一线运营的岗位上都已实践了5年以上，我们把自己积累下来的经验，以及自己对淘宝直通车的认识和一些实操方法分享出来，供大家参考。

其间也有可能出现一些问题，我们也欢迎大家与我们交流，对我们加以指正。在这个行业，大家都在摸着石头过河，交流的过程可以让你我彼此少掉进几个坑，少走一些弯路。

本书适合入门的淘宝商家进行系统的学习，也适合一些经验丰富的电商用于梳理知识。基础不好的商家可循序渐进，多看几遍，多实操。基础好的商家可以跳跃着看，找到几个你迫切需要解决的点；也许这里面有那么几个点可以帮到你，给你新的思路，这样我的目的也就达到了。如果在学习的过程中有任何意见和建议，我期望大家能反馈给我。

最后，我代表海蓝，代表御佳电商，感谢那些在我们的讲师成长道路上、在我们公司的发展道路上给我们帮助的朋友、学员！我真诚地感谢你们，如果没有你们，也许御佳不可能走到现在。感恩之心常在！

我觉得能够回报大家的只有不忘初心，帮助商家成长和赢利。只有这样，我们才会有长久的发展空间！

我也想把这本书献给我们御佳的每个员工的家属，因为有他们的支持和理解，我们才能这样义无反顾地工作。谢谢大家！

震 宇

导 语
Introduction

我们为什么要选择淘宝直通车

你的新产品上架后能不能有流量？

你的产品真的是买家需要的吗？

你的产品的图片点击率高吗？

你的产品的流量有没有遇到瓶颈？

你平常运营店铺的时候有没有碰到上述问题呢？如果有，那么你就需要直通车来辅助。直通车不仅仅是一个获取流量的工具，同时也是一个测图、测款的工具。从线下到线上，你也许一直都以为自己的产品非常厉害，但是产品好不好，不是你说了算。我可以承认，你的产品真的很棒，但是如果你的目标群体不喜欢，那么一切都是空的，你卖不出去货的。

淘宝只是一个平台，或者说电商只是一个渠道，销售才是本质！我期望你去思考的是，怎么去满足你的买家的需求，这是我们做电商要具有的思维——我们要为消费者服务！

目前来说，直通车是最大的购物搜索引擎。我们可以通过对关键词和人群的锁定，找到我们产品的潜在消费者，把自己的产品推送到他们面前，由他们的手指下面的行为来决定我们是否需要主推这个产品。这就是我们用直通车测款的原理。

如果你不使用直通车，那么你也可以选择钻展。最终的目的是一样的，只是工具不同而已。

当你选择了一个好的产品，你并不一定就可以卖货赢利了。在互联网上，货品的载体是图片和文案。好酒也怕巷子深，如果没有好的图片，买家就不知道你的产品跟别人的有什么不同，也不知道为什么要购买你的产品。

利用直通车的功能，我们可以找到需要的人群，让他们决定到底哪个图片是好的，哪个图片是不好的，让他们给我们投票。这和餐饮行业类似，餐馆老板考虑的是做出能够让更多人喜欢的饭菜，只要客户喜欢，老板自己喜不喜欢并不是很重要。我们现在要解决的是赢利问题，如果公司不谈赢利只谈情怀，那么公司如何持续运营，你又如何养家糊口？

有一件事让你我都很痛苦——新品上架之后没有销量，没有流量。我们的流量要从哪里来？直通车是一个很好的入口，但也是一个非常危险的入口。直通车的操作说起来很简单，但是因为我们从来没有经过系统的学习，没有考过"驾照"，所以非常容易"出事故"。搞得不好，产品还没有卖几个，直通车的费用就花出去很多了。

如果你一直在这样的困境里走不出来，那么我希望你一定要用心地多看几遍这本书，我们在书里分享的内容足够让你成为一个合格的"车手"。

除了上面的原因之外，直通车还能给我们带来更多的产品流量。图I-1是我们运营的一个玩具类目的店铺，该店铺1个月的直通车花费是17万元。直通车为该店铺带来了44万元的成交额，带来的自然流量转化金额有20万元，这样的直通车的效果是非常理想的。

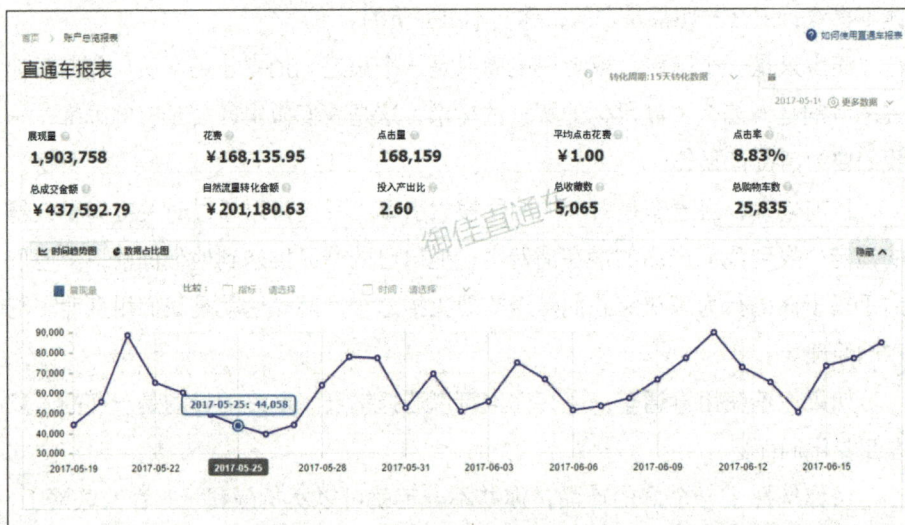

图I-1　玩具类目店铺直通车数据

图I-2是男装类目店铺的直通车数据，该店铺一个月花了77万元的直通车费用，带来的直接转化有222万元。通过直通车带来的自然成交量每天可以维持在

10 000单左右。很多人可能认为直通车是一个烧钱的工具，这样的认识是肤浅的。的确，只要是车，都需要烧油，但是你花的油钱如果可以给你带来更大的收益，你会选择花还是不花呢？

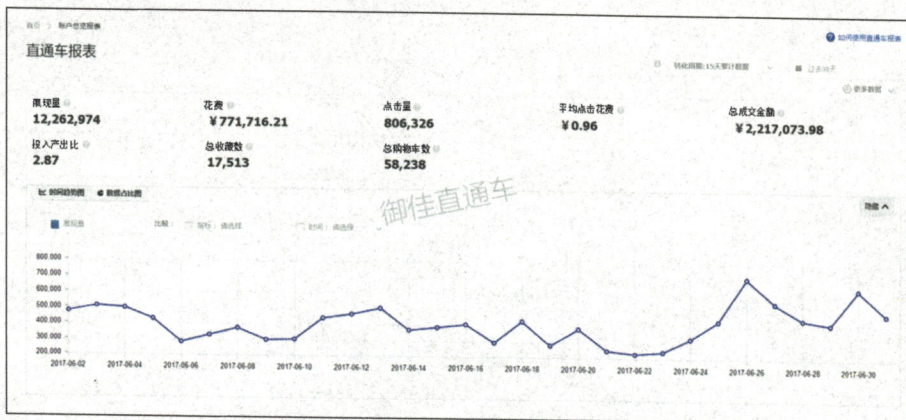

图I-2　男装类的店铺的直通车数据

选择直通车的目的不外乎以下几种：测图、测款、（低价）拉流量、做销量、提高ROI（Return On Investment，投资回报率）。作为一个工具，直通车跟你平常接触的交通工具一样，不要排斥它；如果它能够对你的店铺运营有帮助，那就拿来使用；如果它对你的店铺运营没有帮助，可以不去用它。

不要带着侥幸的想法去"开车"，觉得我开了直通车，淘宝平台就不会查我的产品了。不是这个道理。稽查、搜索、付费推广分属于不同的部门，你用不用直通车，跟你的产品有没有被下架没有直接的关系。如果你每天花30元，还不如不开通。一天30元，一个月下来也有900元了；既然要花这900元，还不如300元1天、分3天花出去呢。小的数据量起不到什么作用！

期望我所有的分享可以帮助更多的人，也祝愿大家的"车"越开越好！

目 录
Contents

第一章

你真的懂直通车吗

学习做淘宝的道路是曲折的，即使我们很努力地学习，获取到的都是一个个零散的知识点，即使我们将所有的知识点糅合在一起，也很难形成一个面。很多时候，我们发现点和点之间并不是简单地串联起来就可以了，它们有可能彼此相互矛盾。我们需要一个触点去打通我们的"任督二脉"，这样可以更快、更系统地去梳理知识点，最终形成自己的知识面。

1.1 直通车产品介绍

淘宝/天猫直通车的前身是雅虎搜索引擎，直通车算法模型建立在搜索引擎之上，所以直通车的原理和自然搜索的原理是相通的。我们平常所说的直通车推广，主要是指直通车的关键词推广。当然，除了关键词推广之外，还有定向推广、店铺推广等，在涉及其他推广方式的时候本书都会专门说明。（本书提到的淘宝/天猫直通车推广，指的是关键词推广，涉及的定向推广笔者会单独说明。）

1.1.1 直通车产品的原理

卖家设置和推广与产品相关的关键词及出价，买家搜索相应关键词的时候，卖家推广的宝贝获取到展现和流量，实现精准营销；卖家按所获取的流量（点击数）付费。

阿里妈妈平台对直通车产品进行了解释，直通车产品的参与者包括卖家、买家、淘宝平台。参与者的特点有：

卖家：对关键词出价，花钱做推广；

买家：搜索关键词，点击广告，形成浏览或者购买；

淘宝平台：获取广告费，同时让买家能够得到更好的购物体验。

作为淘宝的商家，我们期望我们的广告能够在更多的买家面前曝光，同时也期望能够降低推广的费用，让我们广告推广的效率达到最大化。

买家体验一直是淘宝平台考虑的重要问题。其实很好理解，淘宝平台能够生存和发展，依靠的就是所有买家的支持。随着最近几年整个电商环境的变化，竞争加剧，京东和唯品会等平台对淘宝造成的压力还是很大的，所以淘宝商家必须要考虑如何不断地优化自己产品的用户体验，同时也需要保障整个平台的广告收益。

商家按照直通车的点击付费，即直通车是按照点击来收费，所以点击率就是直通车的核心，这个是不会改变的。前面我们说了，淘宝平台需要保证自己的收益最大化，所以商家推广和平台规则的改变都不会背离这个基本的商业规则。

有一些新手商家问道：是不是提高出价，就可以获取到最好的推广位置？

通过上面的解释，相信大家都能够理解，答案是否定的。比如现在有两个竞争的商家A和B，假设A商家关键词出价99元，占有了首屏第一个位置，但是5分钟内只有1次点击，那么平台收益为99元；B商家关键词出价1元，占有了首屏位置，5分钟内有200次点击，平台收益为200元。从平台收益的角度来说，淘宝更加愿意让B商家排在前面。所以说出价高并不一定能让我们获取到更靠前的排名。

直通车是站内最有效、最精准的营销工具，如图1-1所示。淘宝搜索引擎是目前最大的购物搜索引擎，直通车的主要推广渠道都是基于搜索环境来进行的。

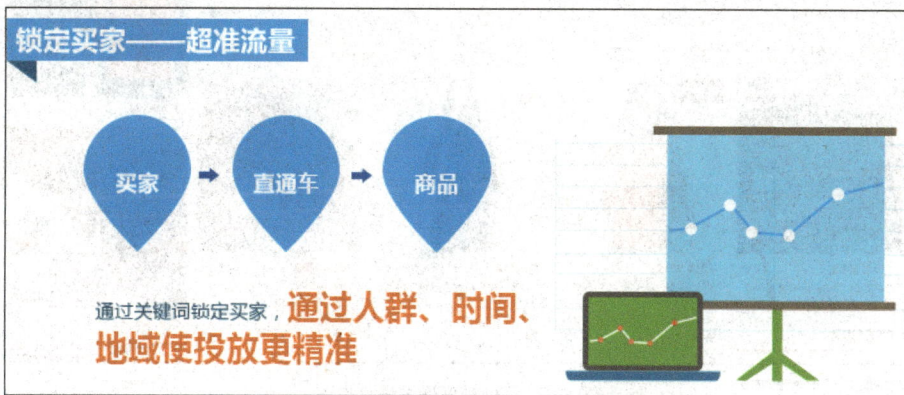

图1-1 精准是直通车推广的特点

卖家可以通过关键词、人群、时间、地域等多维度来更精准地锁定买家。这也是这么多年来直通车推广工具被大部分商家推崇的原因。也正因为如此，直通车投放的竞争越来越激烈，日常推广的点击扣费也越来越高。从我们接触的一些类目来看，2016年的点击扣费比2014年要高出20% ～ 50%。2016年下半年因为"黑车"猖獗的干扰，有的类目点击扣费竟出现翻番的情况。

1.1.2 直通车推广展现的入口

直通车展现页面有哪些入口？

对于很多资深商家来说，这是一个看起来很简单的问题，但要一个个罗列全，估计很少有人可以做到。平常操作的时候我们更多关注的是搜索入口的某些位置。下面以"羊毛衫女"这个关键词为例，从PC端和移动端来解释各个入口的特点。

PC端

PC端的入口如图1-2所示。

图1-2　PC端直通车推广位置

在PC端，我们搜索完一个关键词以后，页面的右侧会有一个"掌柜热卖"的标签，在"掌柜热卖"的下面，一共是12个展示位置，全部属于直通车的推广位置。

在左侧第一个位置，下面同样带有"掌柜热卖"的标签，这也是直通车的推广位置，在大促等活动节点，淘宝会将前面的3个推广位置都调整为直通车推广位置。

买家在购物浏览的过程中，他们的视觉重心是从右侧第一个位置到左侧第一个位置，因此在PC端推广的时候，右侧第一个位置和左侧第一个位置都是推广竞争相对激烈的位置。商家在投放广告的时候，在这些位置获取到展现和点击的概率都会比其他的位置高。

图1-3所示为PC端直通车位置与点击率之间的关系。很多资深商家可能对这个图片有印象，因为现在我们的主要渠道都转移到了无线端，所以很少有人来说这张图片。这张图片很形象地说明了在PC端产品所处的推广位置和点击率之间的关系。点击率随着位置的下降而下降。（要注意的是现在的推广位置和2013年的推广位置已经不同了。）

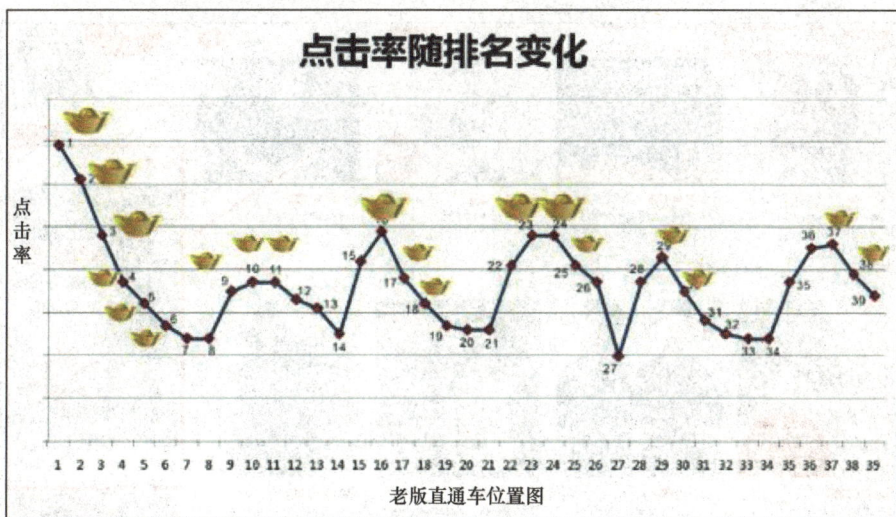

图1-3　PC端直通车位置和点击率的关系

将页面拉到底部的时候，我们同样可以看到"掌柜热卖"。在底部有5个位置，这5个位置同样属于直通车的推广位置，如图1-4所示。

在搜索结果页右侧的底部有一个"店家精选"标签，如图1-5所示。这里有3个坑位，同样属于直通车的推广位置，但是和之前的18个位置的区别是，这3个位置属于店铺推广位置，后面我们再单独来讲店铺推广的内容。

图1-4　PC端底部的直通车推广位置

图1-5　PC端右侧底部的直通车店铺推广位置

除此之外，在买家"已买到的宝贝"页面，同样有直通车的推广位置，如图1-6所示。在"已买到的宝贝"页面的最底部有5个坑位，是直通车的推广位置。

值得注意的是，这5个推广位置并不是关键词推广位置，而是直通车定向推广的位置，主要是根据用户过去的浏览习惯、搜索购买的产品来推荐相关产品。因为不是关键词搜索推广，所以定向推广的转化率相对来说比较低，不过竞争度相对来说也会弱一些。后期我们在选择推广方式的时候，主要可以从投入产出来考虑是否需要使用定向推广。

图1-6　买家"已买到的宝贝"页面的底部

类似的位置还有PC端购物车页面的底部位置，如图1-7所示。

图1-7　PC端购物车页面的底部位置

还有PC端收藏夹页面的底部位置，如图1-8所示。

还有一些PC端站外的页面嵌入了淘宝网的直通车推广页面，例如新浪、网易、酷狗音乐盒子的资讯弹窗页面，这些属于直通车的站外推广渠道。站外流量相对站内流量来说，转化率相对低，目前中小卖家用得也不是很多，所以站外推广的内容不在本书的探讨范围内。

图1-8　PC收藏夹页面的底部位置

无线端

图1-9　无线端直通车展示位置

无线端的直通车推广位置也分为站内位置和站外位置，我们主要探讨的是站内位置。

如图1-9所示，当我们搜索关键词"羊毛衫女"时，在无线端搜索结果页面中，第一个位置带有"HOT"标签，这就是直通车的推广位置。无线端目前的推广坑位呈现1+5+5+10+10……这样的顺序，意思是第一个位置是推广位，再往后加5个位置是第二个推广位置，再加5个是第三个推广位置，之后是每10个坑位1个推广位置。

了解产品推广位置的情况后，我们才能有效地做推广优化。另外，我们从直通车不同的推广位置上可以看到，不同的推广位置所展现的产品元素是不同的。

PC端右侧第一位置展示的元素如图1-10所示，包括车图、价格、销量。（注意，产品推广标题被隐藏了。）

PC端左侧第一位置展示的元素如图1-11所示，包括车图、价格、销量、产品标题（注意，这个位置展示的是产品标题而不是直通车推广标题）、商家所在地。

PC端底部第一位置展示的元素如图1-12所示，包括车图、价格、销量、推广标题、包邮标签。

移动端双列大图模式中，第一位置展示的元素如图1-13所示，包括车图、价格、付款人数、包邮标签、商家所在地、直通车推广标题（部分显示）。

图1-10　PC端右侧第一个
位置展示的元素

图1-11　PC端左侧第一个
位置展示的元素

图1-12　PC端底部的第一
位置展示的元素

移动端单列列表模式中，第一位置展示的元素如图1-14所示，包括车图、价格、付款人数、包邮标签、商家所在地、直通车推广标题（全部显示）。

图 1-13 移动端双列大图模式第一
位置展示的元素

图 1-14 移动端单列列表模式第一
位置展示的元素

以上是直通车推广过程中一些重要位置的展示信息，这些信息对商品的后期推广有很重要的作用。直通车的核心是点击率，不同位置、不同元素对点击率都有不同的影响。

1.1.3 直通车如何扣费

直通车是按照点击次数来扣费的，即推广产品在搜索环境下的展现是不需要付费的，只有当买家点击了我们推广的产品后才会收费。那么，单次点击的费用是如何计算的呢？

我们从这个核心公式开始讲。直通车扣费公式：扣费 =（下一名的出价 × 下一名的质量分/自己的质量分）+0.01元。

例如，某产品的关键词质量分为9分，推广位上下一名的质量分是8分，下一名的出价是2元，那么直通车单次点击的扣费是：[（2×8）/9]+0.01，为

1.78（元）。

从这个公式我们可以看到，直通车推广的点击扣费和3个参数有关：下一名的出价；下一名的质量分；商家自己的质量分。在这3个参数中，前两个参数是商家无法控制的，因为商家没有办法看到下一名推广产品的出价和质量分，所以我们唯一可以努力做的就是提高自己的关键词质量分。接下来就来了解一下什么是质量分。

1.1.4　质量分

质量分是系统估算的一个相对值，主要用来衡量商家的关键词、产品推广信息与淘宝网用户搜索意向之间的相关性。图1-15所示为一些关键词的质量分。

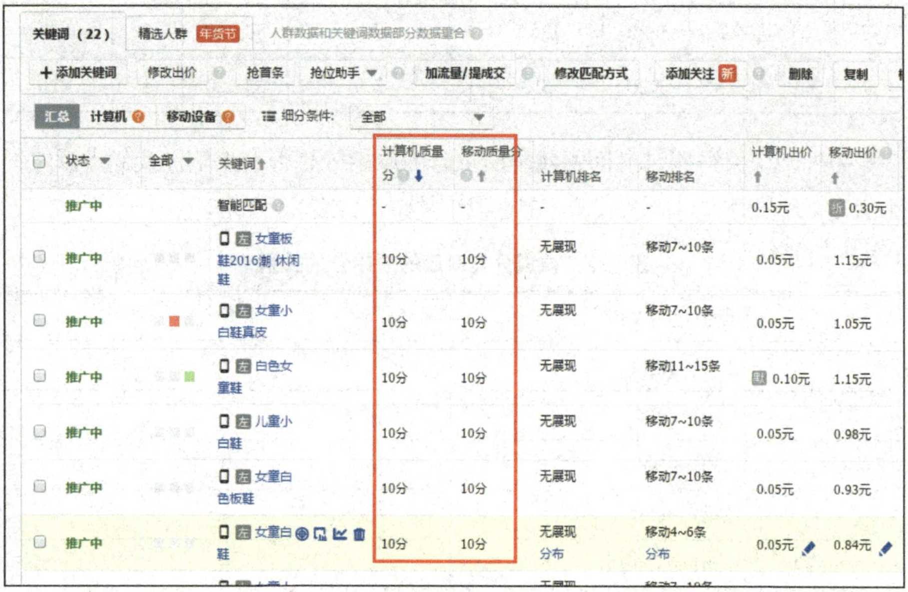

图 1-15　关键词质量分

在直通车的后台我们可以看到关键词的质量分呈现的是 1 ～ 10分的分值，关键词的最高得分是10分。值得注意的是，这是直通车系统为了方便数据处理，经过标准化处理以后的得分，而在真正计算点击扣费的时候，用的是原始的分数。所以，即使关键词的得分都是10分，但在产品推广过程中，点击扣费却存在很大的差别。

表1-1所示为关键词原始分数据，这个表格很好地解释了原始分和质量分的对应关系。同样是"雪纺连衣裙"这个关键词，A、B两个商家的质量分都是10分，但是最终的扣费却不同。所以说直通车在扣费时是按原始分来计算的，而不是标准分。

表1-1　关键词原始分数据

掌柜	关键词	出价（元）	质量分（原始分）	质量分（直通车后台中标准化处理后的得分）	最后综合排名得分	综合排名	最终扣费（元）
				实际情况举例：（得分后台显示时做了标准化处理）			
A	雪纺连衣裙	0.68	1 358	10	92 344	1	0.64
B	雪纺连衣裙	0.70	1 221	10	85 470	2	0.67
C	雪纺连衣裙	0.80	1 009	9	80 720	3	0.74
D	雪纺连衣裙	1.20	613	7	73 560	4	1.20

另外一个值得探讨的问题就是质量分的原始分是否有上限。我们可以做一个假设，质量分与对应的原始分存在以下关系，如表1-2所示。

表1-2　质量分与对应的原始分的关系

质量分的原始分	质量分
0～100	1
101～200	2
201～300	3
301～400	4
401～500	5
501～600	6
601～700	7
701～800	8
801～900	9
901～∞	10

上面的假设可以帮助我们去理解质量分的整体模型，在这个表格中，每个原始分对应一个质量分，这是毋庸置疑的。对于10分以上的质量分是否对应无穷大的原始分，这是有争议的。

笔者一直认为，直通车的质量分的原始分是不会有上限的——以前不会，现在也不会，将来也不会。因为直通车是一个竞价的系统，一旦有了上限，那么大家都会有一个同行的天花板，这样竞价就不现实了。

我们以拍卖为例，如图1-16所示。这幅书法作品的活动起拍价格为2 000元，每次加价是100元，但是不会有上限，出价最高的人会获得这幅作品。如果这个活动设置了上限，比如上限是10 000元，如果同时有3个买家出价到10 000元，那么由谁获得这幅作品呢？

图1-16　拍卖会有起拍价但不设上限

直通车的关键词竞价系统也是类似的，关键词就相当于这个案例中的书法作品，商家通过对关键词的出价来购买这个关键词背后的流量。

我们再来看下面这个案例，如图1-17所示，"真皮小方包 女"这个关键词的市场平均出价是1.14元，但是现在可以用0.19元的价格获取到首屏的展现机会。这是什么原因呢？

扣费公式可以解释。直通车扣费=（下一名的出价×下一名的质量分/自己的质量分）+0.01元。

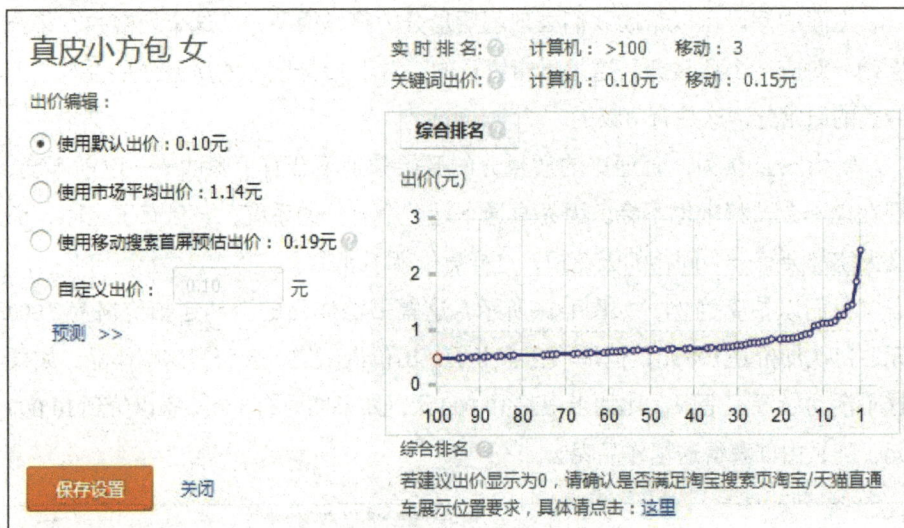

图1-17 "真皮小方包 女"关键词案例

你能发现问题出在哪里吗？

在前面我们已经讲过了，扣费和商家的质量分有关系。公式中，商家的质量分是在分母的位置，当把分母做得足够大，点击扣费会趋向于0.01元。

这就可以很好地解释了，关键词"真皮小方包 女"最终是可以用低于市场价1/10的价格获取到展现机会的。如果质量分有上限，那么这样的数据就不会出现了。

那么，淘宝会不会更改算法，允许质量分存在上限呢？显然不会，如果设置了，直通车竞价的本质就被改变了。

这里我们总结一下：

（1）平常我们看到的直通车的质量分是标准化处理以后的分数；

（2）直通车计算点击扣费时使用的是直通车的原始分；

（3）原始分是没有上限的，可以趋近于无穷大。

在明确了这几点之后，接下来再阐述如何提高我们的质量分，笔者相信这肯定是商家最想知道的，那么我们首先要分析一下质量分和哪些因素有关。

直通车的后台给出了质量分的影响因素，如图1-18所示。从后台的这张截图来看，质量分和3个维度的数据有关：创意质量、相关性、买家体验。除了这

3个因素以外,还有1个因素是我们在加入关键词的时候就可以看到的基础分。有些关键词刚加入就有10分,有些关键词刚加入时只有6分,这个分数的区别就在于其基础分不同。

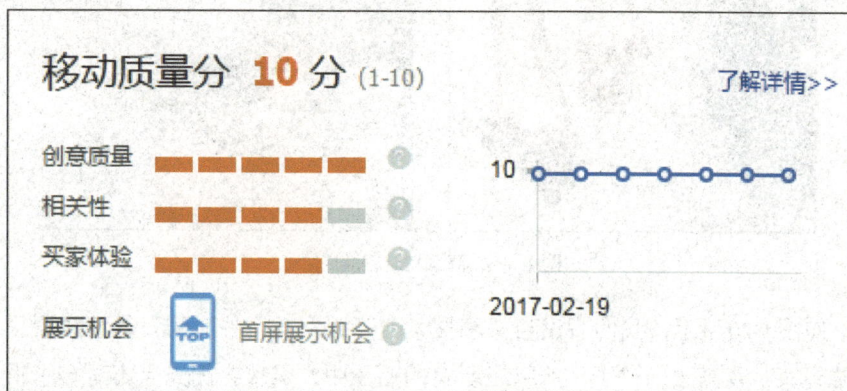

图1-18　质量分的影响因素

质量分的基础分

每一个关键词,商家在添加到自己的推广账户之后,所表现出来的基础分值是不同的,可能是7分或者8分,有一些是5分或者6分。为什么会有这样的差异呢?这跟账户的权重有关。每一个直通车账户的推广历史都会被存储到直通车推广的后台数据索引库里,后台会根据推广账户的历史点击率、点击反馈数据、推广花费等情况给账户一个综合的分值,这个分值就决定了商家添加关键词的基础分。从操作上来讲,一般大词的分数会低于长尾精准关键词。

创意效果

创意效果实际上侧重考核图片的点击率。直通车是一个按照点击扣费的付费推广工具,它的核心离不开点击率这个因素。当阿里妈妈广告平台需要有更高的广告收益的时候,它会把更好的位置留给能够带来更多产出的商家,点击率高的商家自然会获取到更好的排名。

我们对比一下图1-19中的两张车图。光从图片来看,似乎很难判定到底哪个图片的点击率比较高,但是当我们还原到搜索场景去考虑问题的时候,其实答案就显而易见了。

15

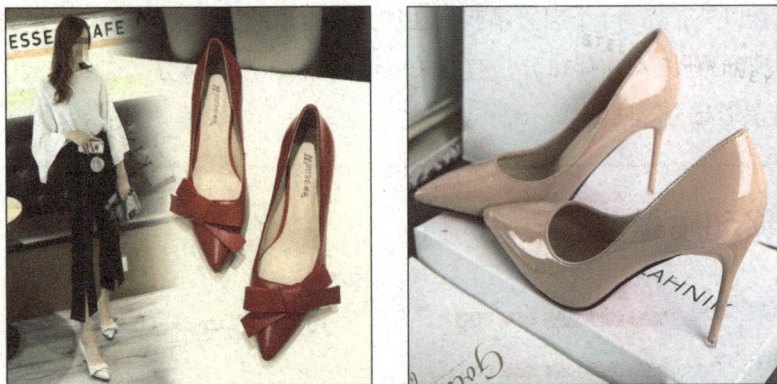

图1-19 高跟女鞋的推广图

　　如图1-20所示，我们假设当买家搜索"高跟女鞋"的时候，其潜意识里就是希望买一双高跟的鞋子，所以在所有的图片中，买家会优先点击对鞋子根部有特写的图片。

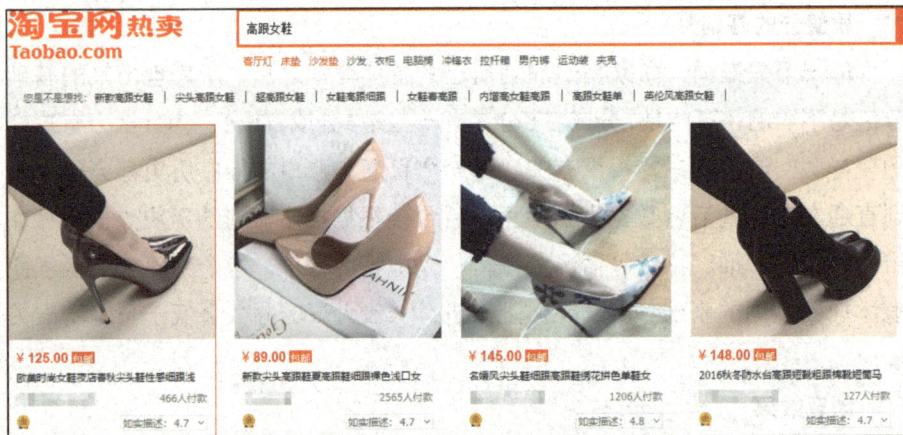

图1-20 高跟女鞋推广宝贝案例

　　看到这里，一些有经验的商家可能就会发现一个问题：重要提高创意点击率，除了要考虑图片，还要考虑账户主推的关键词。关于这个，我们在后期的创意图片设计的内容里再做详细分析。

买家体验

　　这个维度考核的是买家点击图片以后的一系列行为，比如在页面的停留时间、转化率、收藏率、加购率等。从商家自己的推广需求来说，就是要提高ROI

（投入产出比），所以要思考产品本身是否是买家喜欢的，产品是否有性价比、有竞争度，产品页面是否有足够的说服力来引导买家下单。这些因素都会影响整个直通车推广的最终效果。

1.2 直通车规则

1.2.1 直通车入门

在介绍产品后台之前，笔者想先阐述一下直通车的操作规则。这部分内容看起来没有多大的用处，就好比驾照考试时的理论考试，看起来并不重要，但是在违章之后我们才突然意识到，我们已经过界了；而过界的代价有时会让我们培养起来的计划权重功亏一篑！

所以，在这里笔者还是想花一些篇幅简单地罗列一下直通车的一些规则。当然，这些规则也是与时俱进的，后期再操作的时候笔者建议商家多去关注这一部分的内容。

直通车推广的准入要求如图1-21所示。

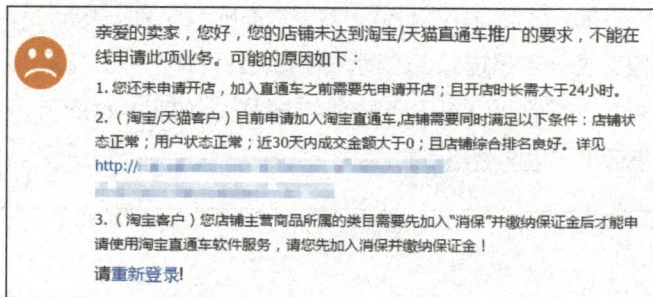

亲爱的卖家，您好，您的店铺未达到淘宝/天猫直通车推广的要求，不能在线申请此项业务。可能的原因如下：

1. 您还未申请开店，加入直通车之前需要先申请开店；且开店时长需大于24小时。

2.（淘宝/天猫客户）目前申请加入淘宝直通车，店铺需要同时满足以下条件：店铺状态正常；用户状态正常；近30天内成交金额大于0；且店铺综合排名良好。详见http://

3.（淘宝客户）您店铺主营商品所属的类目需要先加入"消保"并缴纳保证金后才能申请使用淘宝直通车软件服务，请您先加入消保并缴纳保证金！

请重新登录！

图1-21　直通车推广的准入要求

一般情况，店铺开通之后24小时且近30天的交易额大于0元，就可以开通直通车推广了。根据淘宝直通车后台的规则，还要求店铺有综合的排名，但因为平台本身需要更多的商家来做付费推广，所以这个门槛暂时不会设置。

1.2.2 售假和虚假交易违规

如果店铺因违反《淘宝规则》中的相关规定而被处罚扣分，其直通车的推广就会受到限制，具体可以参考表1-3。

表1-3 《淘宝规则》违规类型和处罚

违规类型	当前累计扣分分值	允许开车的时限
出售假冒商品	6分及以上	满365天
严重违规行为（出售假冒商品除外）	大于或等于6分，小于12分	满30天
	12分	满90天
	大于12分，小于48分	满365天
虚假交易（严重违规虚假交易除外）	大于或等于48分	满365天

外界都在质疑淘宝的假货问题，其实阿里巴巴在这方面做了很大努力，相信现在涉及售假行为的商家越来越少了，因为违规成本太高了。对于商家来说，最大的困扰是虚假交易。

"10个淘宝9个刷，还有1个做批发，"这很形象地说明了众多淘宝商家的处境。每个新品上架后，首先需要解决破零的问题，找朋友刷几笔、做个基础销量什么的无可避免。这也是成本最低、效率最高的一种推广手段。

但是虚假交易一旦超过一定的度，淘宝就会稽查，针对商家的行为进行处罚，包括违规扣分，宝贝降权，严重的直接封店，如图1-22所示。如果产品被降权，那么直通推广也会受到限制。

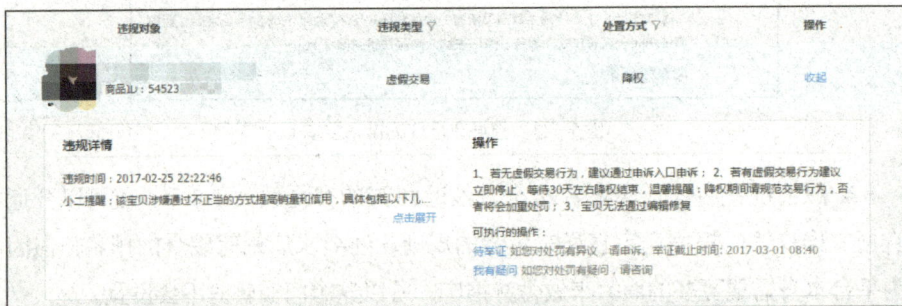

图1-22 刷单降权图片

图1-23所示的产品就是受到了降权的处罚，在直通车的后台可以看到该产品的推广信息已经被屏蔽了。这个账户其实已经优化起来了，但是这样的违规处罚会使之前的努力归零。

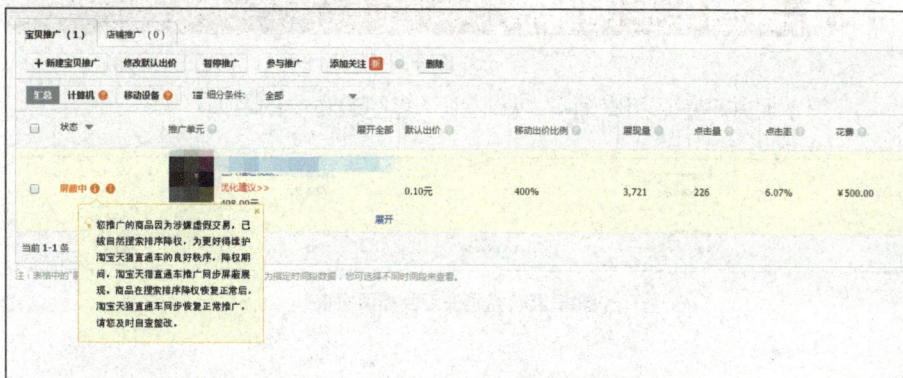

图1-23　直通车后台产品被屏蔽推广

1.2.3　直通车违规的处罚

目前直通车违规的处罚主要分为三类，如图1-24所示。

图1-24　直通车违规的三大类型

一类违规：发布违禁信息，每次扣2分。

二类违规：夸大、虚假、绝对化、侵权特殊渠道、其他不适合推广的信息，每次扣3分。

三类违规：品牌打假，每次扣6分。

从2016年下半年很多人疯狂地玩黑车中的创意轮之后，淘宝系统已经加大了对图片的稽查力度，色情图片、暴走漫画、各种奇葩图片都被列入禁止使用的范围。另外，新广告法的推出，也迫使整个平台提高了对推广素材的审查力度。商家在选择产品推广的时候要考虑这些问题，尤其是一些功效性产品，在推广时更要注意这些问题。

1.3 直通车名词解析

要想掌握并熟练运用直通车，就必须了解图1-25中的名词。

图1-25　直通车后台首页报表

1.3.1　账户余额

账户余额，顾名思义，就是商家的推广账户里剩下多少钱。当余额小于0的时候，所有的推广单元都会暂停，如图1-26所示。

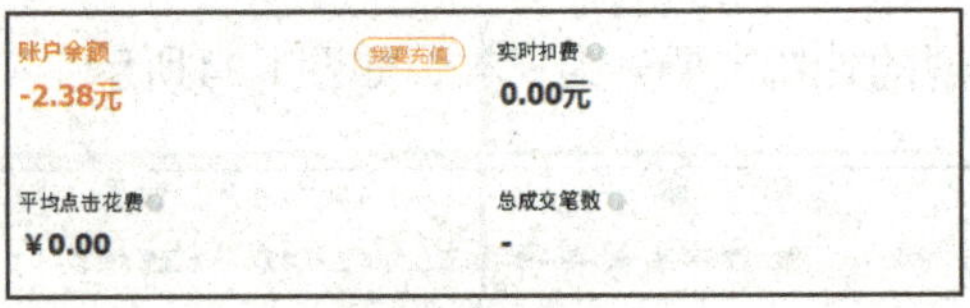

图1-26　账户余额截图

1.3.2　实时扣费

直通车在推广的当天，账户花费的总费用。

1.3.3　点击量

点击量可以理解为直通车推广所带来的访客数。直通车是按照点击量来扣费的，多少次点击量就对应多少个访客。当然，这里人为过滤掉了重复点击。直通车系统本身带有PMCOST防恶意点击系统，会过滤掉同一个IP的重复点击。理论上来说，同一个IP的多次点击只算一次。

1.3.4 展现量

展现量也可以叫作"曝光量"，就是产品在推广位置上被买家看到的次数。买家浏览的过程中，不一定会点击产品，但哪怕是一扫而过，或者产品出现在买家的页面上，就算一次展现。

1.3.5 点击率

点击率是针对点击量和展现量来说的。

$$点击率=点击量/展现量$$

在同等的展现量下，获取到的点击量越多，点击率就越高。点击率是整个直通车操作的核心。在日常的直通车优化过程中，一定要牢牢抓住点击率这个数据。在点击量和展现量之间，追求一个比较合理的平衡点，不要盲目地追求高的展现量。

1.3.6 平均点击花费

$$平均点击花费=直通车的花费/对应的点击量$$

假如一个账户每天固定的推广预算为200元，为了获取更多的点击量，我们要努力去做的就是降低平均点击花费，这样推广成本才会下降。

1.3.7 总成交笔数、总成交金额

在固定的推广时间内，通过直通车的推广，产品或者店铺一共成交了多少笔订单即总成交笔数，其成交的金额即总成交金额。我们在分析数据的时候，经常能看到当天的数据、昨天的数据、7天的数据、30天的数据。

1.3.8 投入产出比

投入产出比，即我们平常所说的ROI，这两者的意思是一样的。

$$ROI=总的成交金额/总的花费$$

ROI是用来直接衡量直通车推广账户表面上是否赢利的一个核心指标。假如

某商家推广了A产品，产品利润为30%，花1 000元推广，结果成交了3 000元，那么投入产出比是3。这时我们实际上并没有做到直通车赢利，当ROI为3.33的时候刚好持平，大于3.33以后才算赢利。

需要注意的是，直通车本身是店铺运营的一个工具，不要纠结于直通车能不能赢利这个问题，要从整店运营角度看你是不是能够赚到钱。这才是我们的最终目的。假如你的直通车每天推广花费为2 000元，直通车产出值是4 000元，利润比率为30%，整店成交是20 000元。这时单从直通车的数据来看，直通车推广是亏本的，但是从整店来说，一天赚6 000元，扣除直通车推广费用2 000元，还能够赚4 000元。如果你对自己的销量不满意，还可以再多做一些直通车推广；如果你觉得可以了，那么直通车就这样开着好了。

切勿过于僵化地去看待直通车，或者非要直通车做到赢利后才加大推广力度；在你纠结和犹豫的时候，时间也就错过了。

1.3.9　点击转化率

点击转化率=成交笔数/点击量

根据点击转化率我们可以看到产品转化的一些情况。如果产品点击转化率很低，那么我们就要优先考虑如何才能提高产品转化率的问题。这其中有两个主要原因。

1. 产品

对于很多非标品来说，款式是决定能否"打爆"的一个主要原因。如果产品款式不好，后期在做推广的时候就会发现转化率很低，这样去开车或者后期打爆的过程，都会让我们感到力不从心，对这样的产品建议趁早放弃。对于标品来说，款式可能没有那么重要，但是产品的颜色、外观等都会对转化率产生影响。关于产品，我们要多去思考如何做到差异化。

2. 页面设计

中小卖家一般都没有专业的美工设计团队。很多商家都是自己学习PS，自己做图片。在这样的情况下，笔者更建议从营销的角度去策划页面。页面未必要做得多么漂亮，核心在于去思考如何能够打动买家，说服买家下单。只有在产品优化好后再去做推广，才会事半功倍。

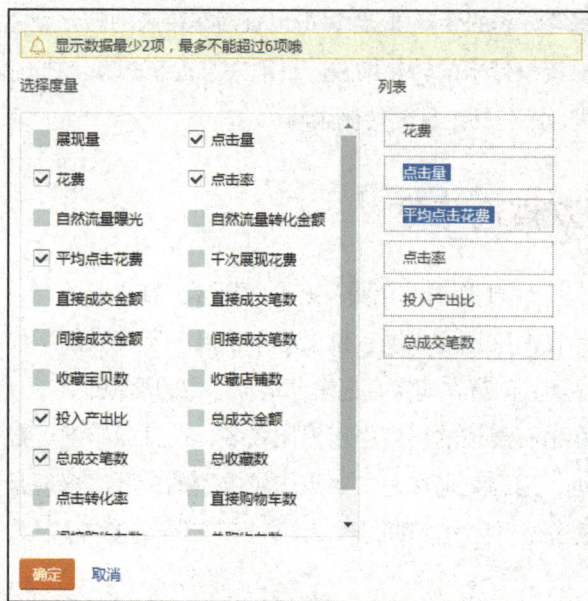

图1-27　直通车数据报表参数

1.3.10　自然流量曝光

自然流量曝光是指产品在自然搜索下获取到的展现机会。在所选时间段内，量化通过直通车推广带来的销量等数据，提高宝贝/店铺的自然流量曝光。从直通车的后台可以看到自然流量曝光数据，如图1-27所示。

这个数据2016年下半年推出，阿里妈妈意在告诉所有的推广商家，不要单纯地从直通车是否赢利来衡量直通车推广的效果。因为阿里妈妈发现，大部分商家的推广都是亏钱的，那么愿意出钱来做付费推广的商家就会越来越少。所以，阿里妈妈就想引导商家从更长远的角度去理解直通车推广所带来的收益。

直通车能够拉动自然搜索流量，这是毋庸置疑的。但是具体在优化和操作的过程中有一些细节也要注意。很多商家认为直通车会抢了自然搜索的流量，这只是部分现象，而且笔者认为这部分现象也是因为操作不到位导致的。

1.3.11　自然流量转化金额

以直通车拉动的自然流量曝光数据为基础，根据自然流量的点击转化率及笔单价（平均每笔订单的金额），计算得出直通车带来的转化金额数据。这是直通车拉动的自然流量带来的转化增益。目前在直通车ROI、总成交金额、直接/间接成交金额里，不包括这部分转化金额。

1.3.12　千次展现花费

千次展现花费 = 花费 / 展现量 × 1 000

即推广产品在淘宝直通车展示位上每千次展现所产生的平均花费金额，用于评估推广产品及其创意在淘宝直通车营销推广中的展现成本。

这个概念在钻石展位的推广中用得比较多，在直通车推广数据中我们鲜少去分析这个数据，因为直通车是按照点击量收费的，所以展现是免费的。在对直通车和钻石展位做对比分析的时候，该数据可以作为参考。

1.3.13　直接成交笔数、间接成交笔数、总成交笔数

1. 直接成交笔数

指推广产品在淘宝直通车的展示位被点击后，买家在15天有效时间内，直接在推广产品的详情页面拍下产品并通过支付宝交易的成交笔数。

2. 间接成交笔数

指推广宝贝在淘宝直通车的展示位被点击后，买家在15天有效时间内，通过推广宝贝的详情页面跳转至店铺内其他产品的详情页面，拍下产品并通过支付宝交易的成交笔数。

3. 总成交笔数

总成交笔数 = 直接成交笔数 + 间接成交笔数，即推广产品在淘宝直通车的展示位被点击后，买家在15天有效时间内，所有通过支付宝交易的成交笔数。

1.3.14　直接成交金额、间接成交金额、总成交金额

1. 直接成交金额

指推广产品在淘宝直通车的展示位被点击后，买家在15天有效时间内，直接在推广产品的详情页面拍下产品并通过支付宝交易的成交金额(含运费)。

2. 间接成交金额

指推广产品在淘宝直通车的展示位被点击后,买家在15天有效时间内,通过推广产品的详情页面跳转至店铺内其他产品的详情页面,拍下产品并通过支付宝交易的成交金额(含运费)。

3. 总成交金额

总成交金额=直接成交金额+间接成交金额,即推广产品在淘宝直通车的展示位被点击后,买家在15天有效时间内,所有通过支付宝交易的成交金额(含运费)。

1.3.15　收藏宝贝数、收藏店铺数、总收藏数

1. 收藏宝贝数

指推广产品在淘宝直通车的展示位被点击后,买家在15天有效时间内,收藏该推广产品的次数。

2. 收藏店铺数

指推广产品在淘宝直通车的展示位被点击后,买家在15天有效时间内,通过该推广产品收藏店铺的次数。

3. 总收藏数

总收藏数=收藏宝贝数+收藏店铺数,即推广产品在淘宝直通车的展示位被点击后,买家在15天有效时间内所有发生收藏的次数。

1.3.16　直接购物车数量、间接购物车数量、总购物车数量

1. 直接购物车数量

指推广产品在淘宝直通车的展示位被点击后,买家在15天有效时间内,直接在推广产品的详情页面将产品加入购物车的次数。

2. 间接购物车数量

指推广产品在淘宝直通车的展示位被点击后,买家在15天有效时间内,通过推广宝贝的详情页面跳转至店铺内其他产品的详情页面并将产品加入购物车的次数。

3. 总购物车数量

总购物车数量=直接购物车数+间接购物车数,即推广产品在淘宝直通车的展示位被点击后,买家在15天有效时间内,所有加入购物车的次数。

1.3.17　关键词

直通车推广的本质即搜索流量。每个关键词的背后代表的是不同的人群，比如A商家现在卖的连衣裙客单价是300元，其在推广关键词的时候选择了"连衣裙 女 特价"。在推广的过程中，A商家就会发现，产品的点击率还可以，但是转化率比较糟糕，整个账户的ROI很低。

对于直通车的优化来说，关键词在其中占据了非常重要的地位。

1.3.18　地域

我国幅员辽阔，在同一个时间节点里南北、东西之间的气候差别，以及每个地区人群的生活习惯都不同。所以，不同地域买家在购物时其偏好是不同的，图1-28所示为直通车地域截图。即使购买同一个产品，买家搜索的关键词也不尽相同。比如冬天买家在购买羽绒服时，北方的买家一般较多使用"羽绒服""加厚"这样的关键词，而南方买家常用的关键词是"羽绒服""轻

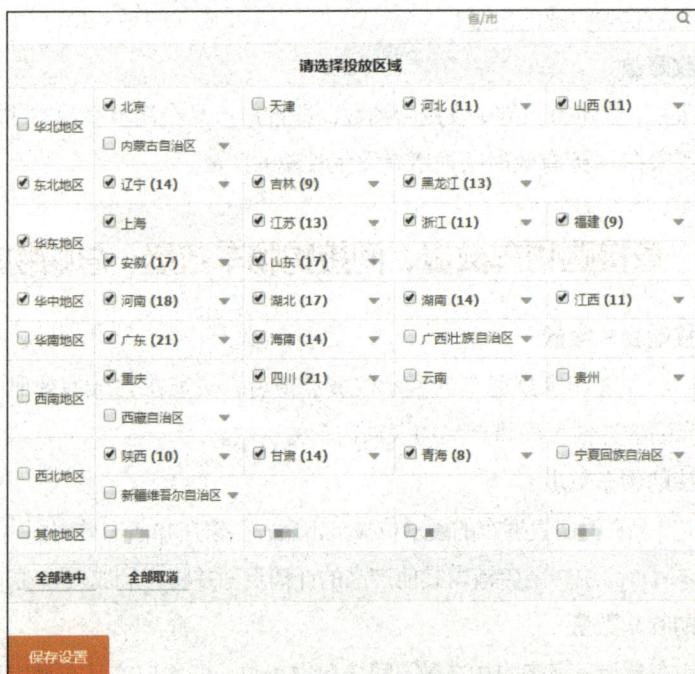

图1-28　直通车地域截图

薄"。对于这些数据差别我们可以通过流量解析中的数据透视功能来做详细的
分析，如图1-29、图1-30所示。

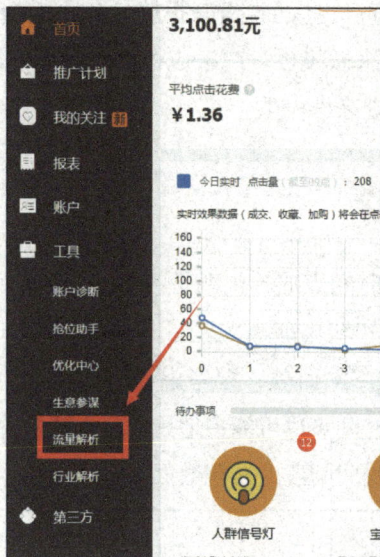

图1-29 点开"流量解析"工具

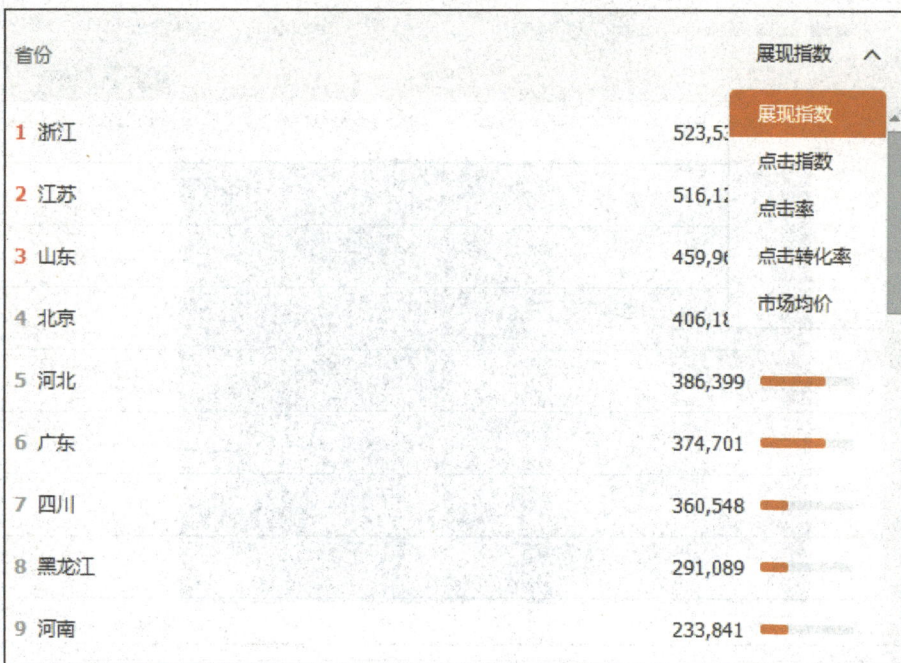

图1-30 数据透视中的地域列表

通过图1-29我们可以看到，在不同地域，关键词获取到的展现指数、点击指数、点击率、点击转化率、市场均价都会不同。在培养直通车账户的时候，我们要选择一些点击率高一些的省份来投放；在做ROI的时候，我们要选择一些转化率比较高的地域来做投放。商家应根据对数据的需求去选择最优的一个省份，配合整个推广计划来做权重。

1.3.19　时间折扣

产品在每天不同的时间点的转化率是不同的。例如，0点至早上6点，这段时间大部分类目的销量和转化都不太理想，所以在这个时间段商家可以少做投放。商家在做精细化推广的时候，要考虑如何把自己的钱花到刀刃上。所以，要选择在成交量最好的时间点尽可能多地投放广告资源，如图1-31所示。

如何才能看到行业的时间段的转化数据呢？

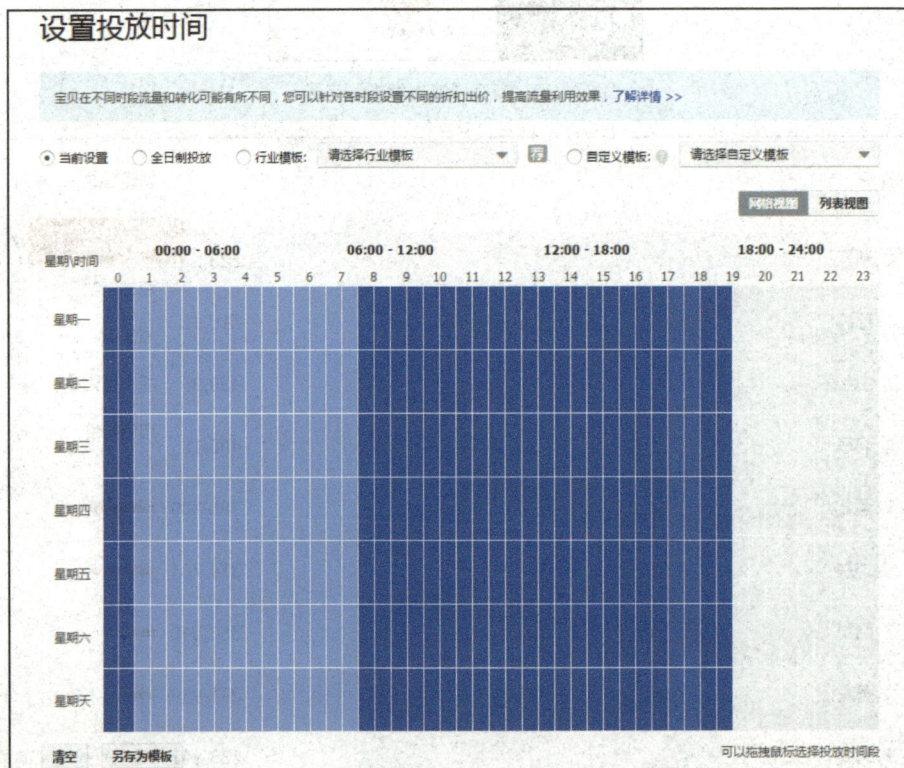

图1-31　时间折扣设置

图1-32所示是2017年3月连衣裙每天24小时的成交分布，据此我们可以看到，连衣裙类目在早上10点时成交量最大，晚上20点至22点也是成交比较好的时间点，所以商家在做直通车推广的时候，可以优先考虑在这些时间点去做投放。

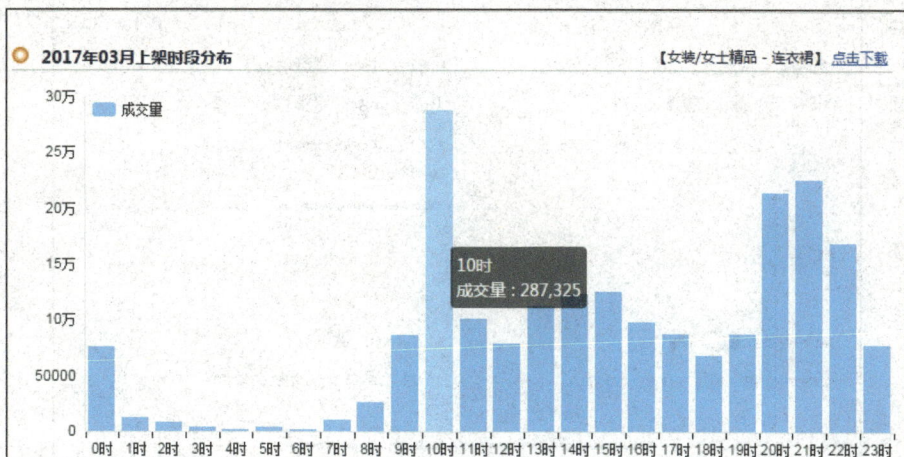

图1-32　生e经后台数据

笔者在操作过很多类目以后发现，每个类目在早上的10点左右和晚上的10点左右都会有一个成交高峰。早上10点的数据会受到聚划算开团的影响，晚上10点的成交高峰则因为很多买家一般都是晚上的这个时间点比较有空，会选择这个时段来购物。

在下午5点之前，当天需要购买的买家会赶在可以发货的时间点下单购买，所以一般类目下午的成交量都会比上午的要好一些。

具体到你自己的类目，你可以看一下生e经和生意参谋里的数据，通过大数据的分析来确定合理的成交时间点。

1.3.20　投放平台、投放设备

在投放设备的选择上，笔者建议在刚开通直通车的时候选择投放站内，关闭站外。除非你已经测试过数据，觉得站外的转化和投入产出比是自己可以接受的。图1-33所示即直通车投放平台选择。

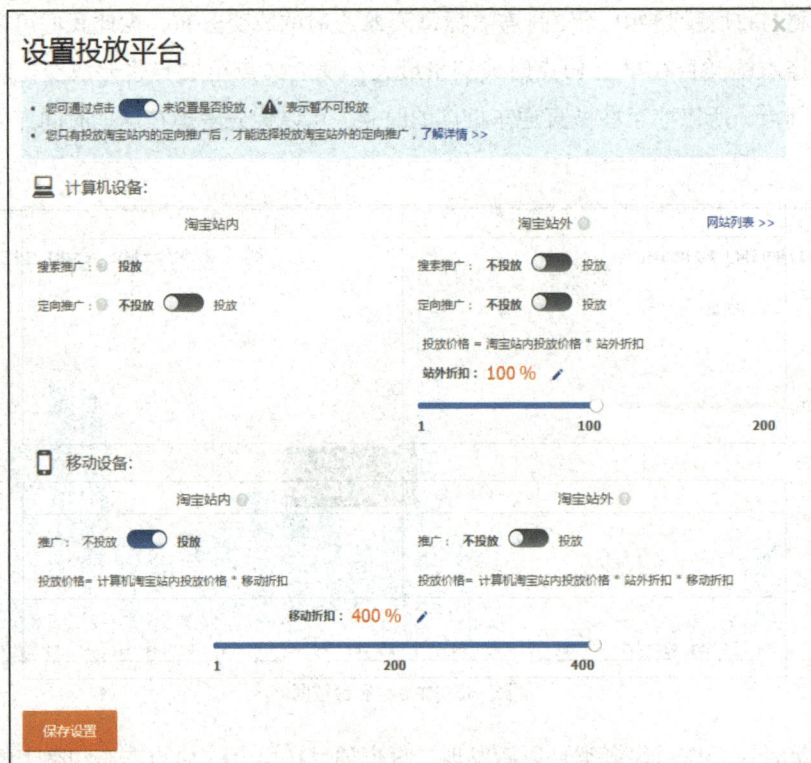

图1-33　直通车投放平台选择

　　从流量的角度来讲，站内流量和站外流量之间最大的区别是，站内流量属于购物流量，买家在搜索关键词的时候，本身是带有购买意向的，所以这时商家投放广告更容易获取到转化；而站外流量属于非购物流量，买家可能会因为产品款式好或者图片设计得好而点击进店浏览，但是未必会下单购买。

　　从直通车的开车目的来说，如果开车是为了提高关键词的搜索流量，那么需要在站内做关键词的推广，这样成交的订单对关键词的搜索有加权作用。

　　总的来说，商家务必要结合自己店铺所处的阶段特点来选择不同的推广设备。前期或者不需要大量流量的时候，尽可能选择站内投放。

1.3.21　精选人群

　　自从无线淘宝出现之后，很多商家最明显的感觉就是流量获取越来越难了。为什么呢？在PC时代，PC首页一共有61个坑位，无论优化自然搜索还是用直通车推广，都很容易获取首页流量。但是在无线时代，手机的屏幕就那么大，每一个屏幕能展示的产品数量也就4～5个，即使消费者在购物时往下拉满10屏，能够展现的宝贝也就40～50个。产品的展现机会变少了，自然流量获取的机会也变少了。

在这样的背景下，淘宝就必须把千人千面的工具搬出来，以帮助商家更有效地聚焦目标流量，提升每个商家获取流量的机会，提高商家的转化，因为只有这样才能留住更多的商家。

直通车后台算法在2016年年底再一次做了深度升级，在原来考核直通车的关键词权重、创意权重、计划权重、账户权重之外，又加入了人群维度的权重体系，使得之前的很多玩法都失效了。现在很多商家会发现，即使把直通车的价格出价到无线首页的前3位，也很难获取到展现位和点击量。

对于淘宝来说，每个关键词下的无线端只有3个坑位，而竞争商家有成百上千。如果你是淘宝直通车的程序员，你会如何来分配这些位置呢？

淘宝自然会把这些坑位的展现机会留给那些有明确人群标签且转化率、收藏加购率比较好的产品。第一，人群标签明显，系统就知道给你什么样的流量，你就可以将之转化成订单；第二，如果你的产品不是买家喜欢的，那么给你流量你也转化不了，还不如不给你，留给其他商家，以提升总销售额。

以上就是笔者对整个人群标签的理解，具体操作我们在后文将详细解释。

1.3.22　出价、溢价

出价：系统对每个关键词给出的价格，如图1-34所示。

溢价：在关键词出价的基础上针对某个平台或者人群提高投放价格。

直通车的整个系统是一个竞价的系统，每个关键词就是竞价的标的。你可以把自己想象成在拍卖现场，而每个关键词就是你要竞拍的商品。所以，关键词的出价会影响你最后是否能够获取到这个关键词下的展现机会，以及你能够获取到的展现量的大小。

当然，直通车的整个系统经过这么多年的修补升级，已经不再是价高者得了，里面还有复杂的计算体系，让流量能够高效地匹配给最能够转化成现金的商家。

	状态 ▼	全部 ▼	关键词 ↑	计算机质量分 ◎ ↓	移动质量分 ◎ ↓	计算机排名	移动排名	计算机出价 ↑ ↑	移动出价 ↑ ↑
☐	暂停		智能匹配 ◎	-	-	-	-	改 0.10元	折 0.40元
☐	推广中		📱太阳镜女潮2017	6分	9分	无展现	移动7~10条	改 0.10元	1.34元
☐	推广中	■ ■	📱[太阳镜女]	7分	10分	无展现	移动4~6条	改 0.10元	1.16元
☐	推广中	■ ■	📱[太阳镜女潮2017明星款]	7分	10分	无展现	移动前三	改 0.10元	1.06元
☐	推广中	■ ■	📱偏光女太阳眼镜	7分	10分	无展现	移动7~10条	改 0.10元	1.18元

图1-34　关键词出价

在后台可以对关键词在无线端和PC端单独出价。

同时，在这个出价的基础上，我们对某一个时间段，或者某个特定的人群，或者投放设备，都可以对该关键词做额外的价格调整，这就是系统背后的溢价，或者叫价格折扣。

1.3.23　日限额

日限额是指商家限定自己的整个计划或者账户每天花费的金额上限，当直通车的推广花费达到日限额的时候，直通车的推广计划就暂停了。

关于日限额，商家可以根据自己的推广能力去定，但一定要把钱花到自己的成交高峰上，不要每天上午早早地就把自己的限额花完了，在晚上成交高峰到来时只能傻傻地看看。

1.3.24　精准匹配、广泛匹配

对于每个关键词，我们都可以针对它的匹配方式做修改。目前后台支持的匹配方式有两种：精准匹配和广泛匹配，如图1-35所示。

比如某商家购买了"连衣裙"这个关键词的展现机会，那么淘宝后台的系统就会把搜索"连衣裙"的买家分配给该商家，这就是精准匹配的模型，这个比较容易理解。但并不是每个买家都只是搜索"连衣裙"，有些买家可能会搜索"时尚连衣裙""旅游连衣裙"等，这些关键词如果没有足够的买家购买，淘宝也需要把这部分流量卖出去，所以后台就设置了广泛匹配的模式。

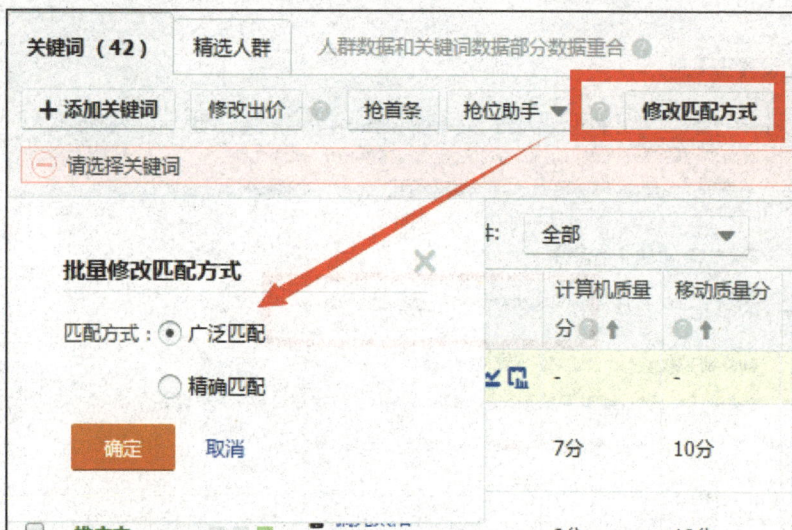

图1-35　匹配方式

总结一下：通过精准匹配，我们获取到的是该关键词下的展现机会；而通过广泛匹配，我们会获取到与这个关键词相关的关键词的展现机会。所以，广泛匹配在流量获取能力上比精准匹配要强很多。

1.3.25　标准投放、智能化均匀投放

1. 标准投放

即系统根据商家的投放设置正常展现其需要推广的产品，但可能因过早到达日限额而提前下线。

2. 智能化均匀投放

根据流量变化及商家的日限额，系统会在商家设置的投放时间内均匀展现其需要推广的产品，且不会因为过早到达日限额而错过晚些时候的流量。

标准投放和智能化均匀投放如图1-36所示。虽说智能化均匀投放可以让商家不那么快地花完自己的日限额，但是一般操作的时候笔者还是建议使用标准投放。因为系统推广有时候比较死板，而且每个类目的成交高峰不同，我们通过时间折扣的工具就可以实现我们需要投放的时间段，大可不必去依赖这个人

工智能工具。

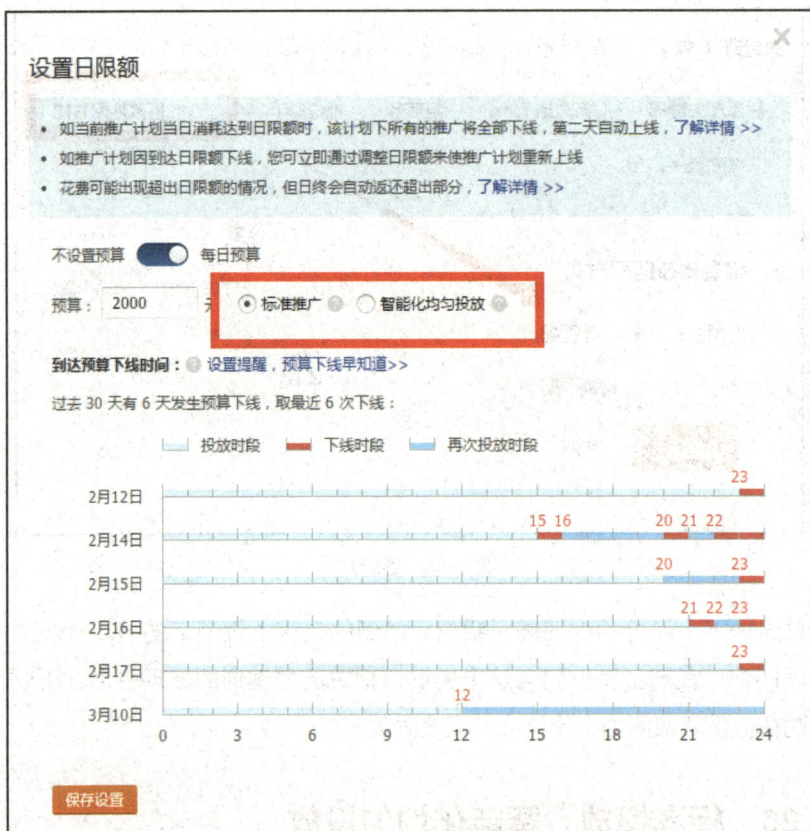

图1-36　标准投放和智能化均匀投放

1.3.26　店铺推广、宝贝推广

在PC端搜索完一个关键词之后，在屏幕的右下角会出现3个"店家精选"位置，这就是店铺推广的位置，图1-37所示为店铺推广截图。

店铺推广也是基于关键词搜索原理的一种推广方式，它可以满足商家同时推广多个产品的需求。目前店铺推广只在PC端有展现。

随着整个流量结构的变化，目前对于大部分类目来说，无线流量占比在80%以上，所以目前店铺推广的效果并不是很理想，而且因为位置有限，竞争度也相对较大，因此本书不再对店铺推广做深入的介绍。

图 1-37　店铺推广截图

　　宝贝推广，就是我们平常说的直通车推广。宝贝推广和店铺推广最大的区别在于，宝贝推广是针对单款产品来做付费推广，落地页面是产品链接；而店铺推广的落地页面是店铺内部的首页或者另外独立设置的二级页面。

1.3.27　创意

　　在宝贝推广计划中，系统需要商家针对每个推广产品设置推广的创意，一个产品现在支持上传4个创意。每个创意包含创意图片和创意标题，如图1-38所示。

　　之前已经介绍过，直通车是按照点击扣费的原理来设计的，所以点击率是直通车的核心，系统更愿意给点击率高的产品更多展现和曝光的机会。商家在"开车"的过程中，要不断地优化和提高自身创意的点击率，这能对直通车推广的单次点击扣费（PPC）优化带来很大的帮助。

　　另外，现在系统要求每个产品提供2张以上创意图片，这样能够让产品在推广过程中获取到最大的曝光量。这里涉及一个问题，尤其在做无线端推广的时候，无线端因为设备屏幕的限制，当产品在自然搜索坑位上有展现机会的时候，如果直通车推广图片和宝贝主图一样，系统就不再展现直通车车位。

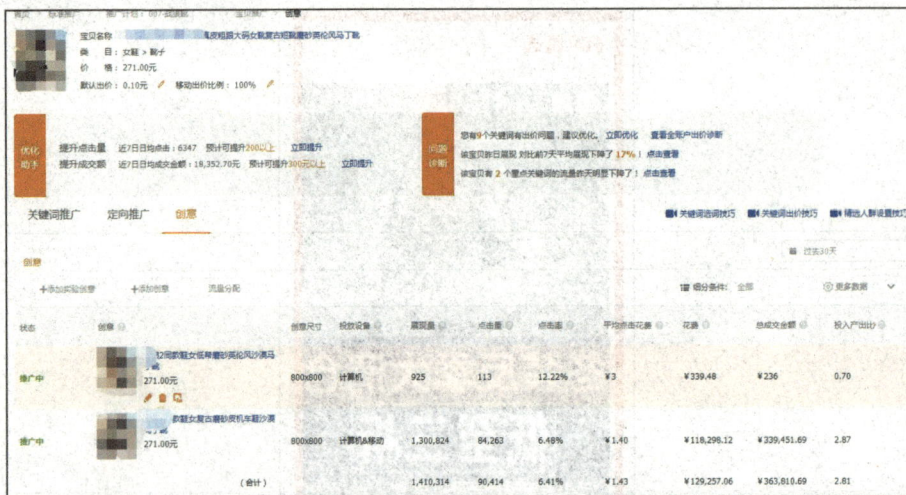

图1-38　直通车后台创意设置

1.3.28　轮播、优选

　　在创意后台可以设置4个创意，在创意投放的时候，可以对创意设置流量分配的方式。创意流量分配方式有两种：优选和轮播。如图1-39所示。

图1-39　创意流量分配方式

优选是指系统根据历史投放数据，优先选择数据相对更好的创意来做投放，这样可以让商家获取到更好的点击率。

轮播是指系统不以历史数据为标准，给后台每个创意均等的展现机会。据此我们可以对比出每个创意的数据差异。所以，轮播方式比较适合做车图的测试和分析，以便商家选择更加合适的车图去做推广，以提高推广效率。

1.3.29　定向推广

定向推广可以让商家对人群和位置进行指定投放。

定向推广的原理已经脱离了关键词推广，所以中小卖家一般很少会用。但是这不意味着定向推广就没有效果，对于部分产品来说，就推广数据而言，定向推广的效果有时比关键词推广更有效果。

在无线端的推广过程中，很多商家对于"猜你喜欢"的流量位置都很青睐，最近也有一系列围绕着手淘首页流量的黑色玩法。在"猜你喜欢"的所有坑位中，系统给了定向推广的直通车位，这几个位置是商家做无线端直通车定向推广时最期望获取的，如图1-40所示。

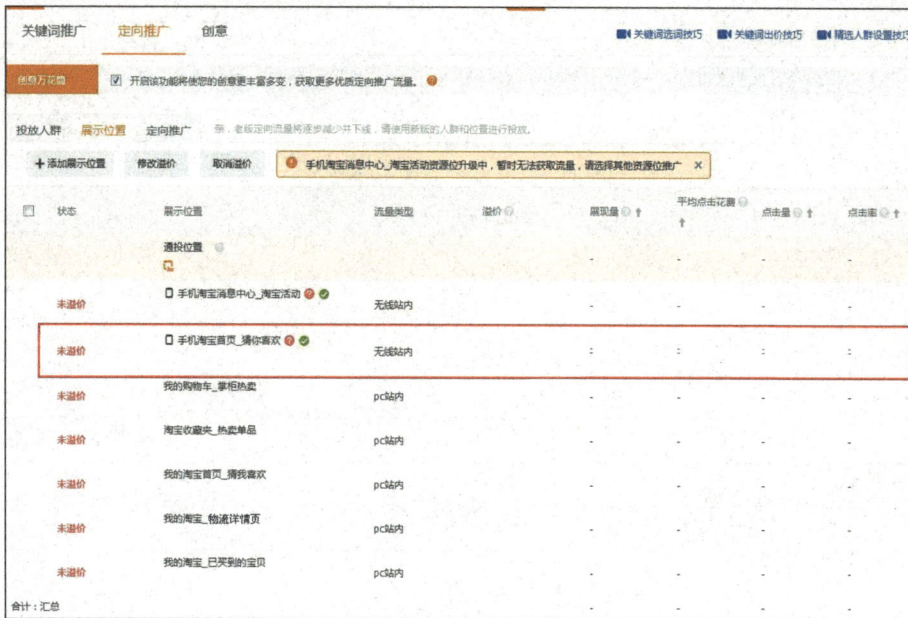

图1-40　定向推广方式

后文我们将详细介绍定向推广的多种玩法，在这里先简单理解一下定向推广的概念即可。

至此，对所有与直通车相关的核心名词笔者都做了解释，希望能够帮助你在"开车"之前更好地去理解整个直通车。有时候可能很多商家会觉得这些名词不重要，但是欲速则不达，每一位商家都很有必要花一些时间来学习一下整个直通车系统的知识内容。

第二章

直通车基础操作

本章的内容看似不起眼,但包含了很多实操经验。我们假设一个场景,比如今天去4S店提了一辆车,拿到车以后是先看说明书,还是先上去开车?笔者猜想大多人应该是猴急地去开车,因为我们自以为什么都懂了;当然,笔者也不会例外。这没有什么不好,但是不可否认的是,我们会忽略很多细节,而这些细节可能会在未来我们用车的时候给我们带来很大的麻烦。所以这一章我们延续上一章的基础,讲解实操过程中要注意的一些细节。下面是对直通车后台的介绍,图2-1为直通车后台截图。

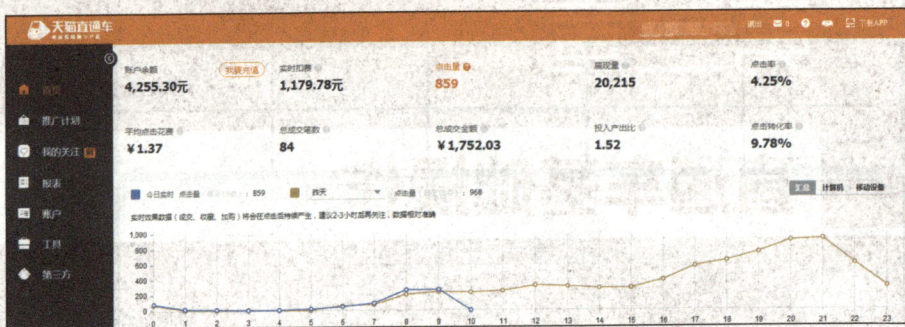

图2-1　直通车后台截图

2.1　首页

在图2-1所示的直通车后台首页,我们第一眼看到的就是实时的数据反馈报表,即账户最新的实时数据情况。这是商家账户的核心数据。除了这一部分数据,对于图下方的折线图也需要关注,它呈现的是整个账户今天和昨天的数据对比情况。账户的整体稳定性和增长趋势对于提升整个账户的权重起着至关重要的作用,所以在"开车"的时候要尽可能保证数据的平稳。

现在,大部分类目的无线流量占比都已经超过了80%,所以在直通车推广的时候,无线端的推广是首先要考虑的。当然也有一些类目,比如印刷、设计等,目前PC端的流量占比依然很高,因此商家在运营时要多关注PC端的直通车数据和玩法。在折线图的右上角,商家可以对推广相应的设备进行单独的数据分析,以及时做出调整。

在首页底部有一个模块，是推广计划管理，如图2-2所示。对于一个常规的账户来说，可以建8个推广计划单元，每个单元可以设置多个推广宝贝单元；有一些推广花费大的商家，可以申请20个推广计划单元。对此，商家可以根据自己后期的推广情况来考虑是否要申请开通。直通车的运营不在于计划多、关键词多，而在于精细化的运营。靠量取胜的时代已经过去了，所以笔者建议在后期"开车"的过程中，应多关注细节。

图2-2　首页推广计划管理

2.2 报表

直通车的报表是商家在日常操作时经常要进入的一个页面，在这里我们要对所有的数据做一下分析，图2-3为直通车报表截图。当你运营淘宝店铺时间

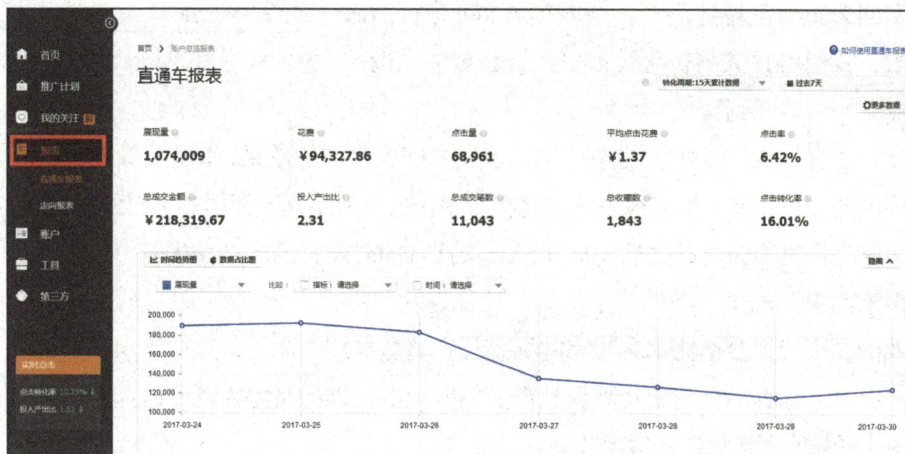

图2-3　直通车报表截图

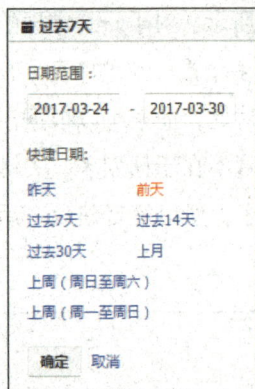

图2-4 直通车报表时间筛选

一久就会发现，其对数据分析能力的要求越来越高，如果你在运营店铺或者开直通车的过程中，不学会数据分析，基本上很难有机会在淘宝上赢利。如果数据分析是你的短板，那么花点时间，好好地补习一下，多练习，多操作，能力自然就上来了。

在报表的顶部我们可以选择查看账户在过去某一个时间段内的数据情况，如图2-4所示。

我们可以选择昨天、前天、过去7天、过去14天、过去30天、上周、上月的数据情况。平常笔者用得比较多的是昨天的数据、过去7天的数据、过去30天的数据。

在衡量整个账户ROI的时候，我们要根据自己产品的特点去选择不同的转化数据，直通车统计的是在买家点击商家广告推广之后，15天之内是否有形成购买。

如果只是分析1天的转化数据，可能不是很准确，尤其是在做一些客单价高的大件产品时，比如家具、灯具之类的，买家在第一次浏览完之后，并不会马上下单购买，而会货比三家，或者等到家里装修得差不多的时候才考虑下单购买。这样就会导致直通车广告当天花费的钱在当天并没有产生收益，但是在未来7天或者10天的某一个时间点，买家又回来重新下单购买了。所以在做ROI分析的时候，我们用15天的转化数据去分析会更加准确一点，如图2-5所示。

图2-5 直通车报表转化考核周期

还有一点需要提醒的是，关于直通车广告推广的效果，ROI反映的是一个维度的数据，笔者相信很多商家现在对手淘搜索的千人千面的感受已经很深了，买家在浏览相关产品之后，他在下一次搜索的时候，该产品会优先出现在他的搜索结果列表里，在他的手机端"猜你喜欢"里会出现这类推广产品，此外，他的浏览行为会把他本身带有的标签打在这些推广产品上，这样累积下来的标签会越来越容易让商家找到跟其产品相匹配的精准的买家人群。这些背后的价值也是做直通车推广的很大收益。

在报表的底部，我们可以看到系统给出的5个模块的数据：推广计划列表、推广单元列表、创意列表、关键词列表、地域列表，如图2-6所示。

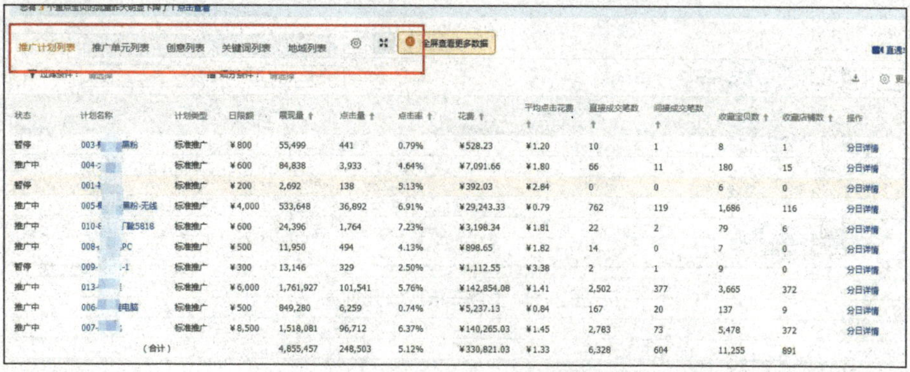

状态	计划名称	计划类型	日限额	展现量	点击量	点击率	花费	平均点击花费	直接成交笔数	间接成交笔数	收藏宝贝数	收藏店铺数	操作
暂停	003- 黑粉	标准推广	¥800	55,499	441	0.79%	¥528.23	¥1.20	10	1	8	1	分日详情
推广中	004-	标准推广	¥600	84,838	3,933	4.64%	¥7,091.66	¥1.80	66	11	180	15	分日详情
暂停	001-	标准推广	¥200	2,692	138	5.13%	¥392.03	¥2.84	0	0	6	0	分日详情
推广中	005- 黑粉-无线	标准推广	¥4,000	533,648	36,892	6.91%	¥29,243.33	¥0.79	762	119	1,686	116	分日详情
推广中	010- 厂鼠5818	标准推广	¥600	24,396	1,764	7.23%	¥3,198.34	¥1.81	22	2	79	6	分日详情
推广中	008- PC	标准推广	¥500	11,950	494	4.13%	¥898.65	¥1.82	14	0	7	0	分日详情
暂停	009- -1	标准推广	¥300	13,146	329	2.50%	¥1,112.55	¥3.38	2	1	9	0	分日详情
推广中	013-	标准推广	¥6,000	1,761,927	101,541	5.76%	¥142,854.08	¥1.41	2,502	377	3,665	372	分日详情
推广中	006- 电脑	标准推广	¥500	849,280	6,259	0.74%	¥5,237.13	¥0.84	167	20	137	9	分日详情
推广中	007-	标准推广	¥8,500	1,518,081	96,712	6.37%	¥140,265.03	¥1.45	2,783	73	5,478	372	分日详情
	（合计）			4,855,457	248,503	5.12%	¥330,821.03	¥1.33	6,328	604	11,255	891	

图2-6　直通车5大数据报表

1. 推广计划列表

这个表格会把商家目前在推广的所有计划单元的数据罗列出来，通过每日的详情，商家可以看到每个推广计划每天的历史数据，如图2-7所示。通过对历史数据的分析，商家就可以看到整个计划的稳定性，及其需要做的一些优化的工作。

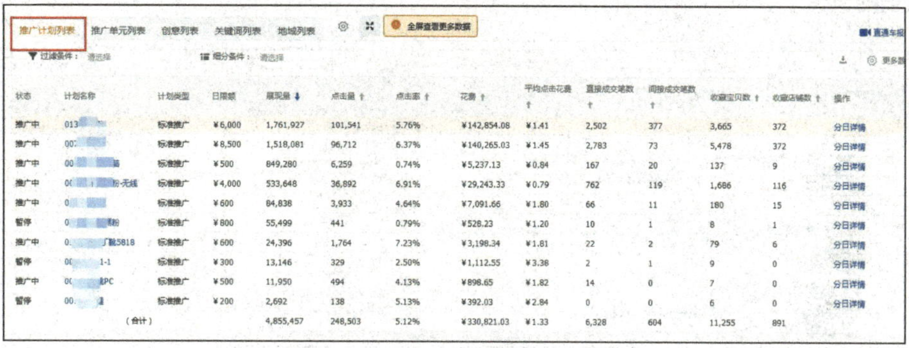

状态	计划名称	计划类型	日限额	展现量	点击量	点击率	花费	平均点击花费	直接成交笔数	间接成交笔数	收藏宝贝数	收藏店铺数	操作
推广中	013	标准推广	¥6,000	1,761,927	101,541	5.76%	¥142,854.08	¥1.41	2,502	377	3,665	372	分日详情
推广中	00	标准推广	¥8,500	1,518,081	96,712	6.37%	¥140,265.03	¥1.45	2,783	73	5,478	372	分日详情
推广中	00	标准推广	¥500	849,280	6,259	0.74%	¥5,237.13	¥0.84	167	20	137	9	分日详情
推广中	0 粉-无线	标准推广	¥4,000	533,648	36,892	6.91%	¥29,243.33	¥0.79	762	119	1,686	116	分日详情
推广中	0	标准推广	¥600	84,838	3,933	4.64%	¥7,091.66	¥1.80	66	11	180	15	分日详情
暂停	0 粉	标准推广	¥800	55,499	441	0.79%	¥528.23	¥1.20	10	1	8	1	分日详情
推广中	0 厂鼠5818	标准推广	¥600	24,396	1,764	7.23%	¥3,198.34	¥1.81	22	2	79	6	分日详情
暂停	00 1-1	标准推广	¥300	13,146	329	2.50%	¥1,112.55	¥3.38	2	1	9	0	分日详情
推广中	00 PC	标准推广	¥500	11,950	494	4.13%	¥898.65	¥1.82	14	0	7	0	分日详情
暂停	00	标准推广	¥200	2,692	138	5.13%	¥392.03	¥2.84	0	0	6	0	分日详情
	（合计）			4,855,457	248,503	5.12%	¥330,821.03	¥1.33	6,328	604	11,255	891	

图2-7　直通车推广计划列表

2. 推广单元列表

推广单元报表呈现的是单个产品的推广数据情况，如图2-8所示。所有的数据指标跟商家在推广计划列表里看到的都是一样的，这些数据可供商家对单个产品做数据分析使用，用以分析某款产品是不是适合做直通车推广，它的优化空间有多少？哪些点需要做优化？

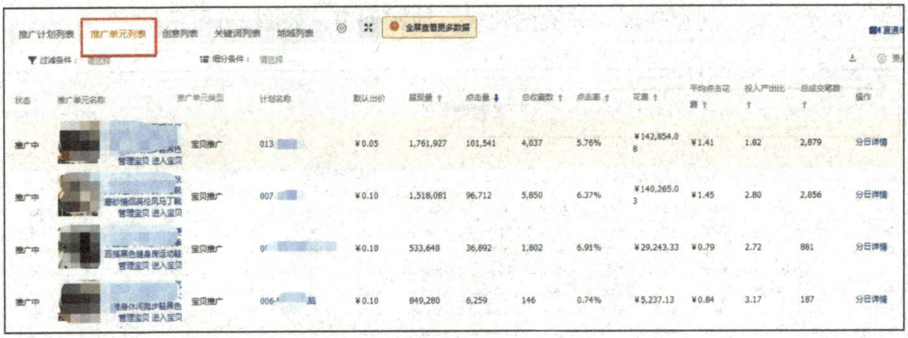

图2-8　直通车推广单元列表

3. 创意列表

直通车操作的核心是点击率，在影响点击率的众多因素中，创意图片占到了80%以上的权重，如图2-9所示。提高创意点击率是一个好"车手"每天都需要去思考的问题。关于创意本身有权重的概念，如果不能很好地理解，可以在自己的账户里做一个小测试：选择一个历史推广的计划，新建一个创意上去，然后用新的创意替换原来推广的创意（记住，千万别删除），这时你再回过去看一下，关键词质量分和无线头条的价格是否有变化，这样你就能够了解创意权重的概念了。

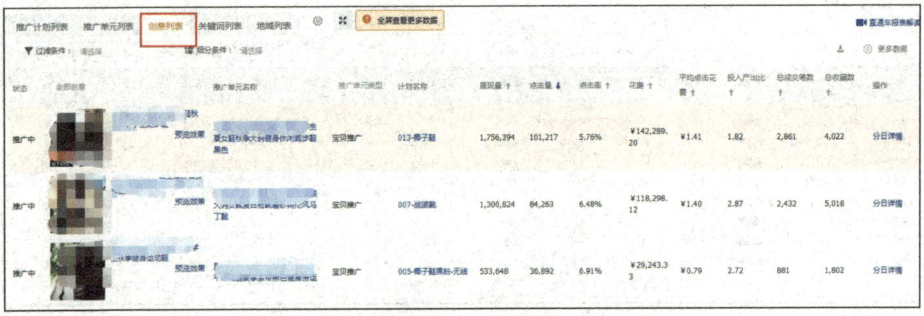

图2-9　创意列表

商家可以通过对创意数据的分析，找到最优的创意，结合推广的关键词和竞争环境来做进一步的优化，这是一个比较好的方法。

4. 关键词列表

关键词列表数据会告诉商家在其推广的所有关键词中，哪些关键词的点击率比较高，哪些关键词的转化率比较好，哪些关键词获取到了展现机会但是没有点击或者转化，这些数据都是商家在考虑是否需要对这个关键词加大推广或降低推广或暂停推广时的参考依据，如图2-10所示。直通车推广的核心原理是基于关键词搜索，所以优化好直通车推广的关键词，直通车才可以"开"得起来。

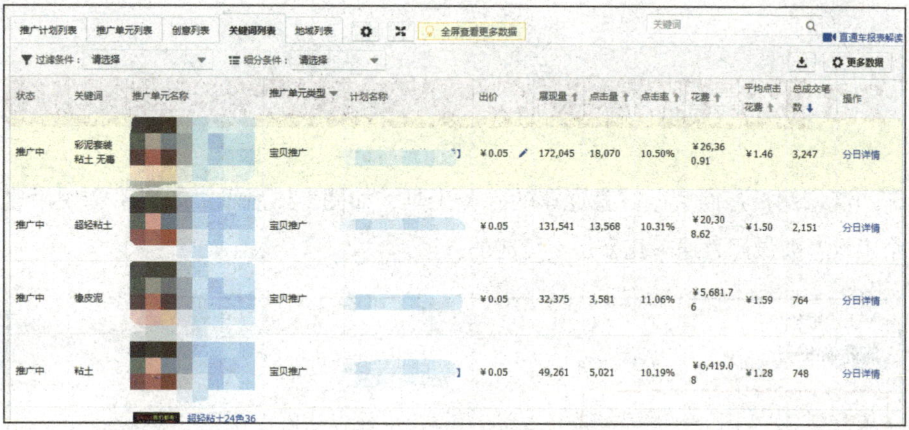

图2-10　关键词推广列表

5. 地域列表

通过对地域列表的数据分析，商家可以看出其产品在推广的时候，在哪些省份产品点击率比较高，哪些省份的转化率比较高，哪些省份的ROI比较高，如图2-11所示。这对商家账户后期优化有很大的帮助。比如某商家每天的预算是1 000元，有可能在下午的时候就已经把钱花完了，商家所面对的不是钱多得花不完，而是笔者不够花的情况，这个时候就要考虑如何把钱花得更加有价值，这也是笔者之前提到的精细化运营直通车的一部分内容。在考虑如何将钱花到刀刃这个问题时，商家需要把其推广费用花到产出最高的地方，并选择最好的时间

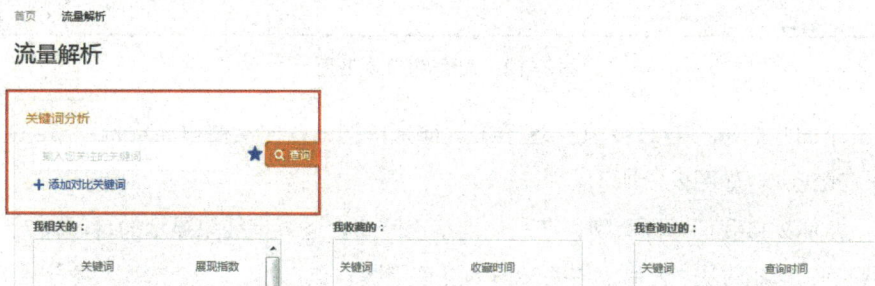

图2-11　地域推广列表

段去投放付费广告。这部分数据的来源就是历史数据表格，当然，商家也可以参考行业的流量解析数据，但是相较之下，行业数据没有自己后台报表数据来得更加准确。

2.3 流量解析

流量解析是商家做好直通车的必备工具，如图2-12所示。如果不会使用这个工具，要做好直通车几乎是不可能的。

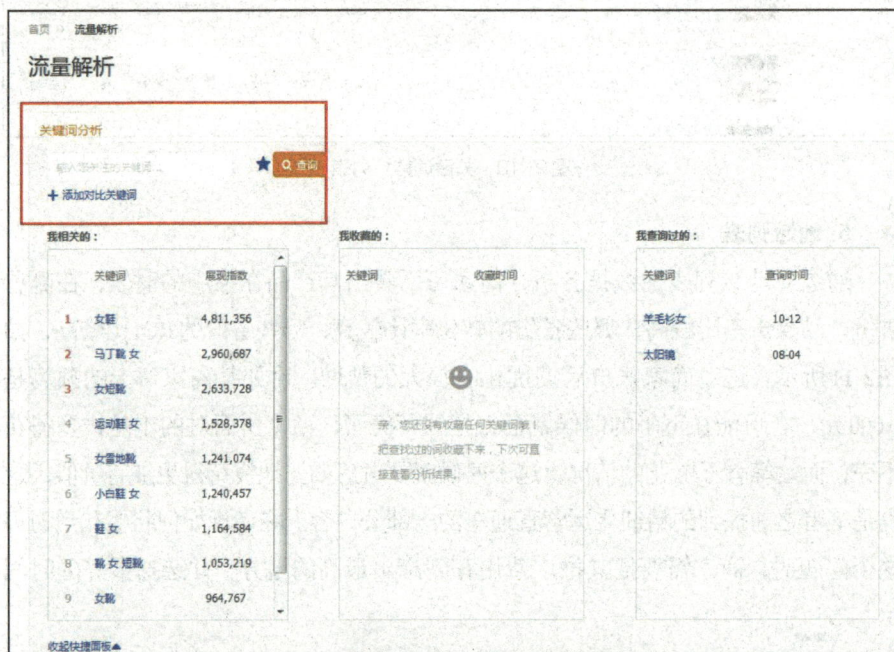

图2-12　流量解析工具截图

下面我们用"羊毛衫 女"这个关键词来举例，在搜索框里面输入"羊毛衫女"来查询，如图2-13所示。

从图2-14我们可以看到，在默认的状态下，上述查询结果显示的是过去7天的数据，包括过去7天里，该关键词的展现指数、点击指数、点击率、点击转化率、市场均价、竞争度等数据，如图2-14所示。

图2-13　流量解析搜索关键词

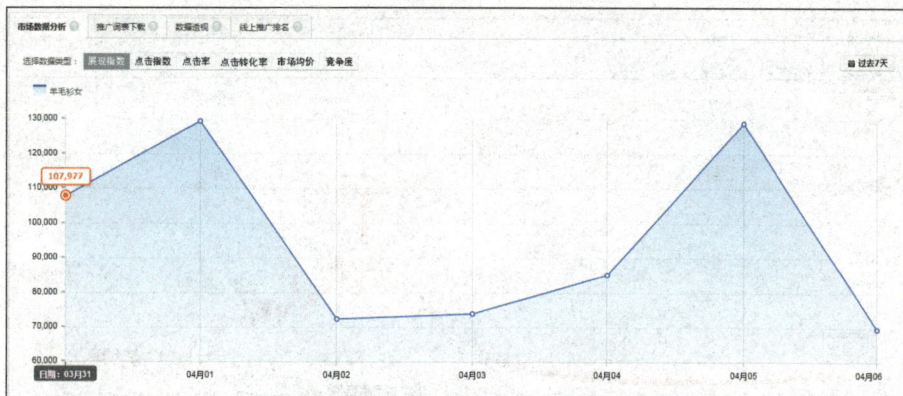

图2-14　流量解析搜索关键词综合数据

　　此外，商家还可以选择查看该关键词过去30天、过去90天、过去半年、过去1年的数据，如图2-15所示。通过对历史数据的分析，商家可以了解该关键词对应的产品在过去1年什么时间点大盘是上升的，什么时间点大盘又开始下降了，这些时间点对于商家选择推广产品的时间来说非常重要。

　　从图2-16我们可以看到，羊毛衫这个产品在过去一年的8月下旬开始进入上升趋势，一直持续到11月，到达销售高峰，然后到1月20日（刚好过年）到达最低点，过完年之后，大盘往上回升一点，3月以后基本上就进入淡季了。

　　当然，我们还可以通过点击指数去分析，如图2-17所示，结果也是一样的。在展现指数和点击指数这两个数据运用的时候，很多商家经常会疑惑，到底我应该参考哪个数据？其实没有必要纠结，因为这两个数据的趋势是一致的。在参考

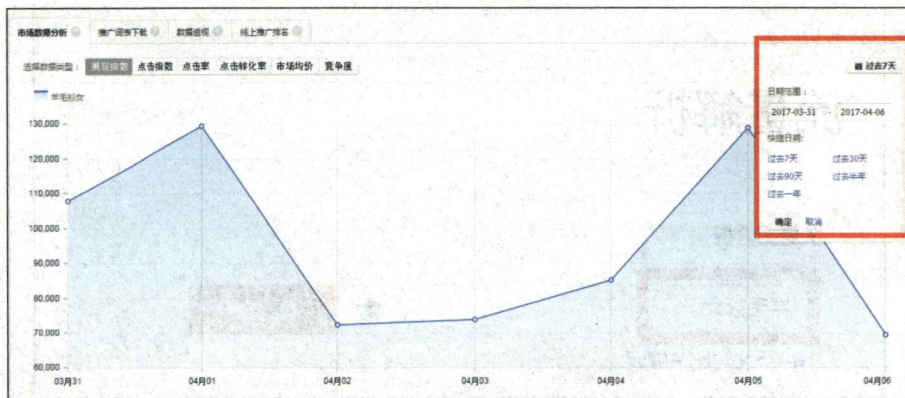

图2-15　流量解析下不同时间段的数据筛选

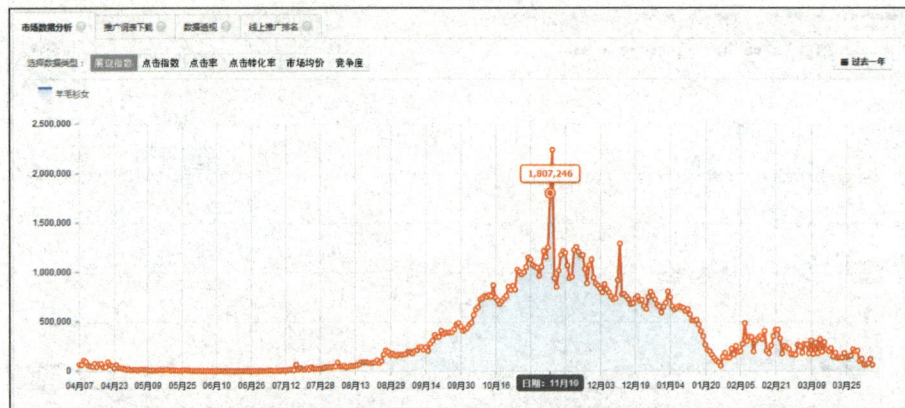

图2-16　流量解析过去1年的展现指数数据

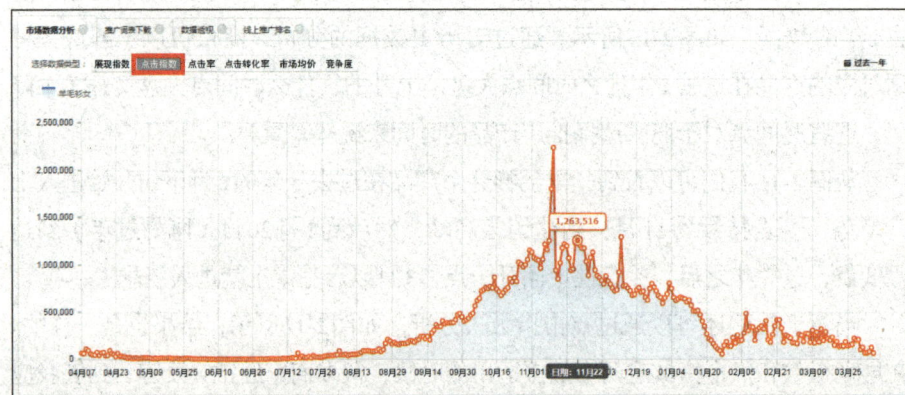

图2-17　流量解析过去1年的点击指数趋势

的时候，笔者建议多用点击指数，因为展现指数里包含的水分相对于点击指数更大。而且对于投放广告来说，商家更期望能够拿到真实的点击数量，如果按照点击指数来分析数据会更加符合真实情况。

点击率是直通车的核心，我们在前文反复强调过这个问题。直通车在"养"账户的过程中，商家如果希望点击率足够高，可以考虑选择一些点击率高的关键词来做投放。先拉高自己账户的点击率，等权重起来以后再考虑转化率的问题。其中要注意点击率数据，如图2-18所示，这是该关键词全部投放数据的综合趋势，移动互联网时代已经到来，现在对于绝大多数类目来说，无线流量占比已达80%以上，所以商家在"开车"的时候要更加精细化地去区分移动数据和PC数据，站内数据和站外数据，不能一概而论。总的来说，运营要求更加精细化了。

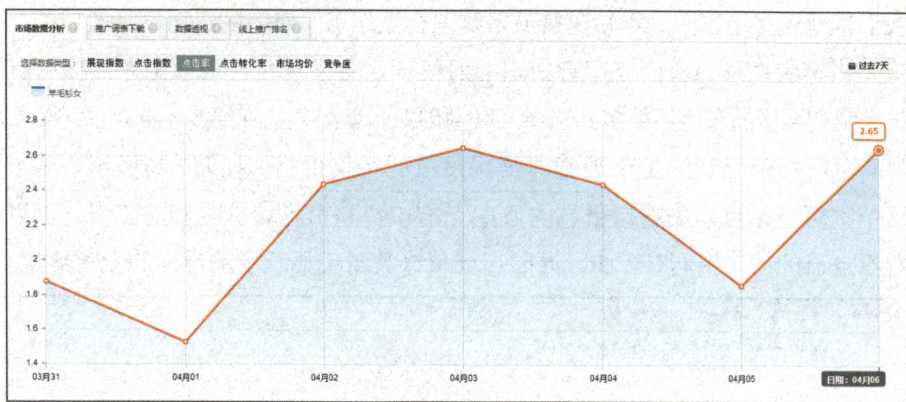

图2-18　流量解析过去1年的点击率趋势

点击转化率跟点击率有些类似，如图2-19所示。商家在做关键词筛选的时候，主要要看自己需要什么。经常有商家会问笔者：有点击没有转化的关键词要不要删除？点击转化率低的关键词要不要留下来？

其实这些问题你自己可以找到答案。笔者想说的是，遇到问题的第一个反应不是直接找别人要答案，而要自己想办法去解决，这样自己才会提高。在学习淘宝运营的时候，很多商家最大的问题是没有经过系统的培训和学习，但目前所有的大学课程里都不会有这样的内容。很多商家关于淘宝运营的知识点都是拼接在一起的，可能在某个视频里学习了一个知识点，在某个论坛里又学习了一个知识点，就这样很多个知识点集合在我们的脑海里，对我们有帮助的可

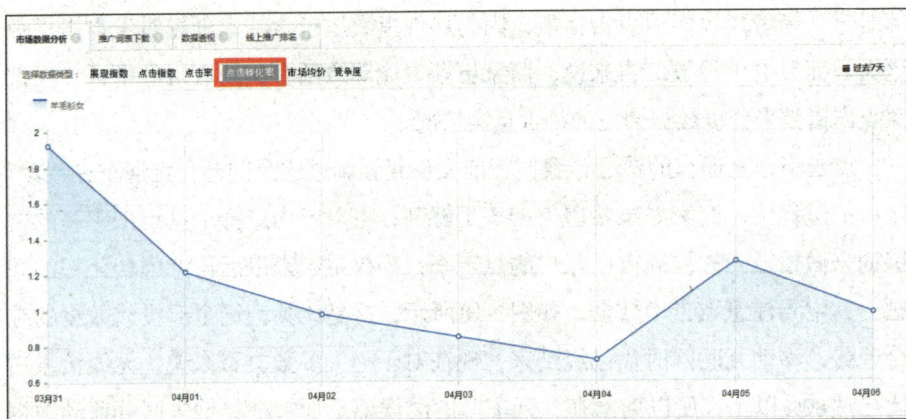

图2-19　流量解析过去1年的点击转化率趋势

能在当时确实帮我们赚到钱了，但是等到系统更新之后，之前的方法失效了，我们也就迷失了方向，不知道接下来要怎么操作了。笔者的经历也是类似的，但是当笔者系统地去研究运营知识的时候，笔者发现自己所懂的东西微乎其微，我们要学的东西还很多。选择互联网创业，就必须选择终身不断地学习。

　　市场均价显示的是某关键词全网投放的平均价格，如图2-20所示。通过这个数据商家可以去看自己做的账户点击扣费和市场均价之间的差别，可以看看自己的优化空间有多少，同时市场价格波动也显示了关键词的竞争热度。

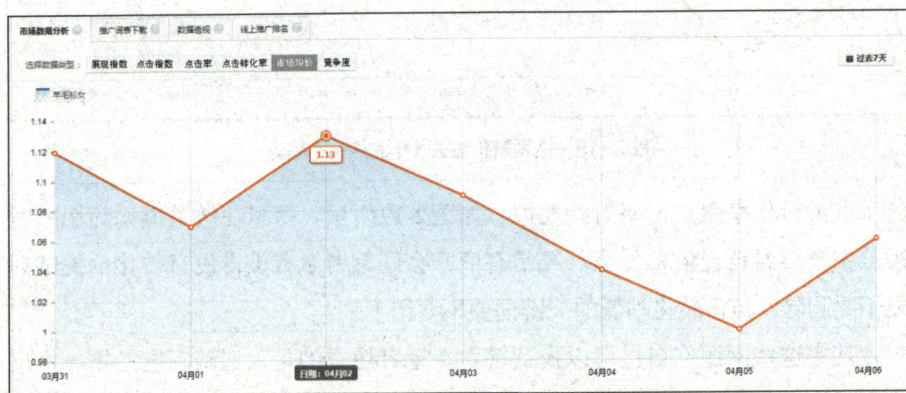

图2-20　流量解析过去1年的市场均价趋势

　　竞争度的数据跟整个大盘的数据基本是吻合的，如图2-21所示。现在商家的技术相对来说也越来越成熟了，很多商家都会分析数据，通过数据去操作账户，所以只要市场大盘上升了，那么竞争度就会增加。

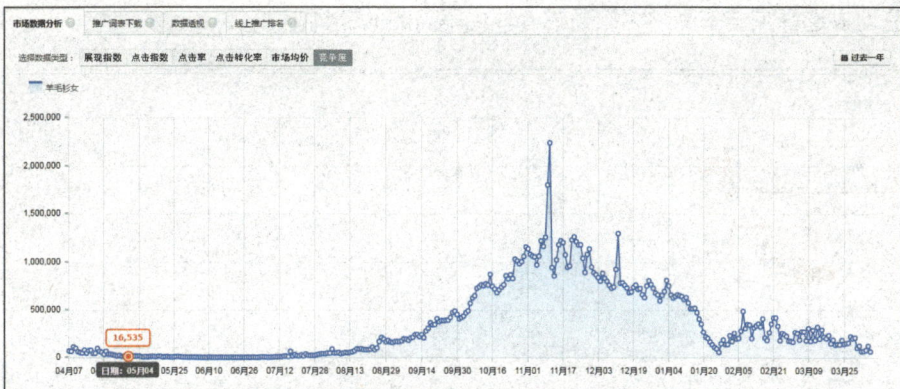

图2-21　流量解析过去1年的市场竞争度趋势

上面这些数据，都是趋势性的数据，商家要根据数据趋势去做判断，不要去纠结具体的数据指标，因为这里面的数据都是经过系统算法处理以后的数据，比如点击指数是 5 000，并不是说有 5 000 个人点击，这是后台通过算法处理后给出的一个指数。

2.4　推广词表下载

推广词表下载是帮助商家拓展关键词用的，如图2-22所示，在日常计划推广时，商家需要去选择一些对自己产品来说最佳的关键词，很多商家不知道该如何选择关键词，后文笔者会专门来阐述如何做直通车选词。这里的关键词表下载作为其中的一个入口，可供商家在后台直接使用。

比如某商家现在要推广一个关键词："羊毛衫女"，对于一些新推的产品来说，这个词可能太大了，那么我们可以考虑"羊毛衫女"这个关键词下面的二级词或者三级词。我们可以在流量解析下进行拓展，如图2-23所示。

在关键词拓展之后，我们可以对这里的关键词数据去做分析，按照点击指数去排序，找一些点击指数比较高、点击率高、点击转化率高的二级词来供推广使用。

在图2-22中，我们要重点关注的数据有：点击指数、点击率、点击转化率。通过这些数据对关键词做筛选就可以了。在直通车不同的操作阶段，商家要相应地去选择点击率高的关键词或者转化率高的关键词。

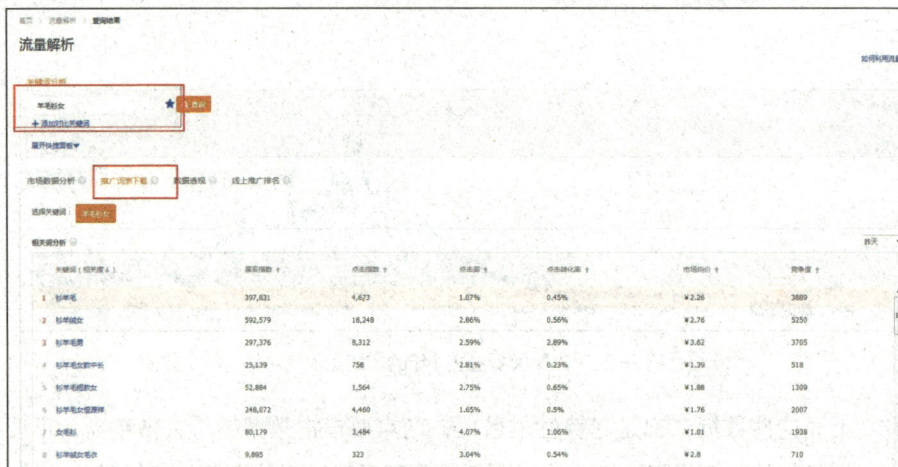

图2-22　流量解析关键词推广词表下载

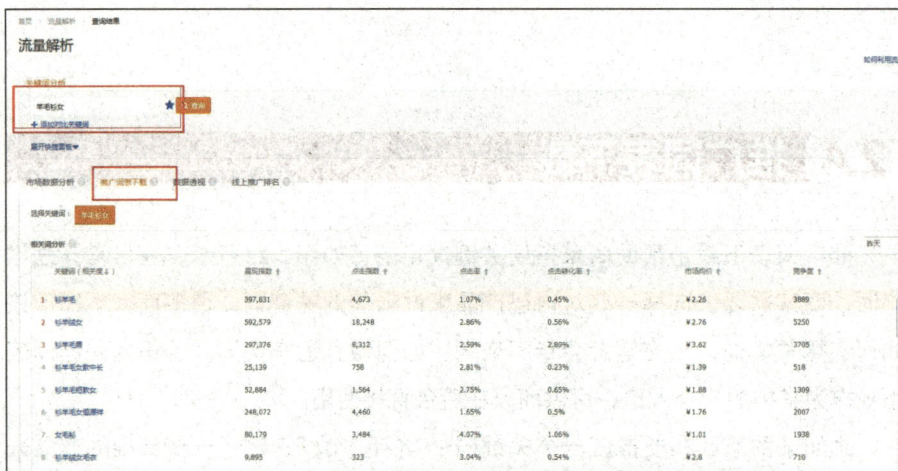

图2-23　"羊毛衫女"在流量解析下的拓展

2.5　数据透视

数据透视对"开车"来说越来越重要了，通过数据透视，商家可以深入挖掘每个关键词背后的含义，详细去分析它在不同的投放地域、不同投放设备的数据差别，如图2-24所示。所以这比市场数据分析里的数据更有参考意义，因此建议在做无线端直通车推广的时候，花一些时间去仔细分析数据透视里的数据。

图2-24　数据透视下地域点数据的区别

如图2-25所示，右上角是地域透视时间周期选项，地域透视的数据可以分为昨天数据、前天数据和过去一周的数据，笔者建议商家选择过去一周的数据去分析，这样可以避免一些数据偏差。

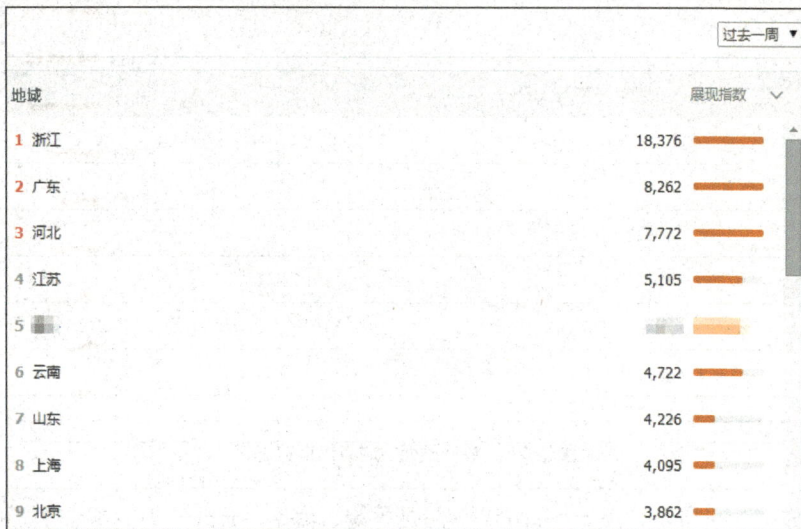

图2-25　数据透视时间周期和数据筛选

在这里我们可以根据展现指数、点击指数、点击率、点击转化率、市场均价这些数据来统计在全国排名比较靠前的地区。

如图2-26、图2-27所示，我们可以看到"羊毛衫女"这个关键词展现指数排名前3的是浙江、广东、河北；点击指数排名前3的是浙江、江苏、广东。

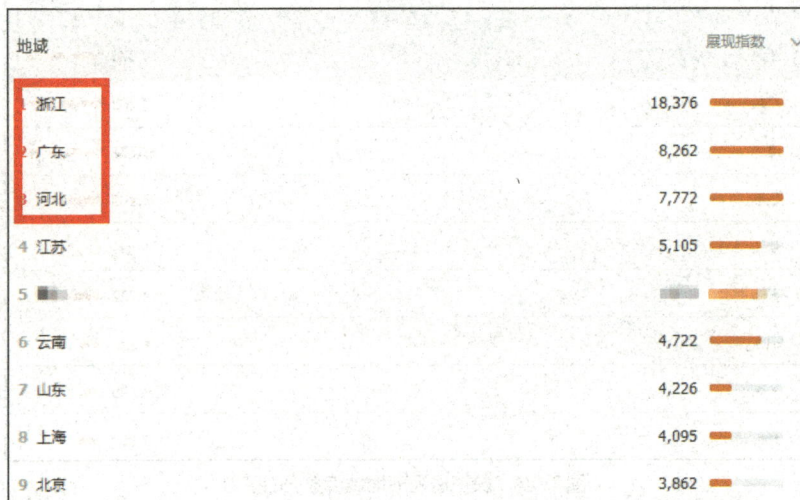

地域	展现指数
1 浙江	18,376
2 广东	8,262
3 河北	7,772
4 江苏	5,105
5 ▨▨▨	▨▨▨
6 云南	4,722
7 山东	4,226
8 上海	4,095
9 北京	3,862

图2-26 数据透视地域展现指数排序

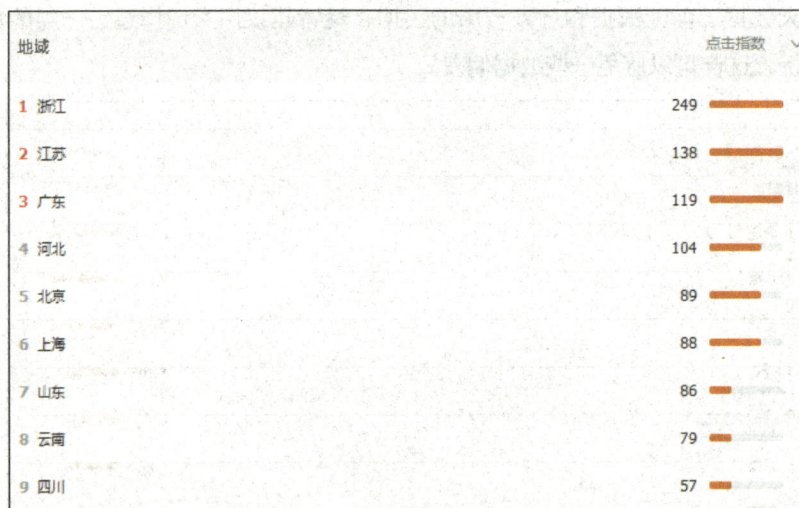

地域	点击指数
1 浙江	249
2 江苏	138
3 广东	119
4 河北	104
5 北京	89
6 上海	88
7 山东	86
8 云南	79
9 四川	57

图2-27 数据透视地域点击指数排序

如图2-28所示，点击率排名前3的是香港、海南、辽宁。在这里需要提醒的是，商家在用数据的时候要考虑到数据容量，虽然这里香港的点击率是最高的，但是它的展现数据是很小的，对商家来说投放的实际效果并不会很好，所以这样的数据可以先剔除掉。

图2-28　数据透视地域点击率排序

点击转化率的数据也是一样的，如图2-29所示，商家在分析数据的时候还要考虑这些数据背后所对应的点击指数。通过之前的数据分析，我们可以看到上海和浙江两地的点击指数相对比较高，同时转化率也比较好。所以如果你的目标是做高ROI数据，可以优先考虑投放这两地。

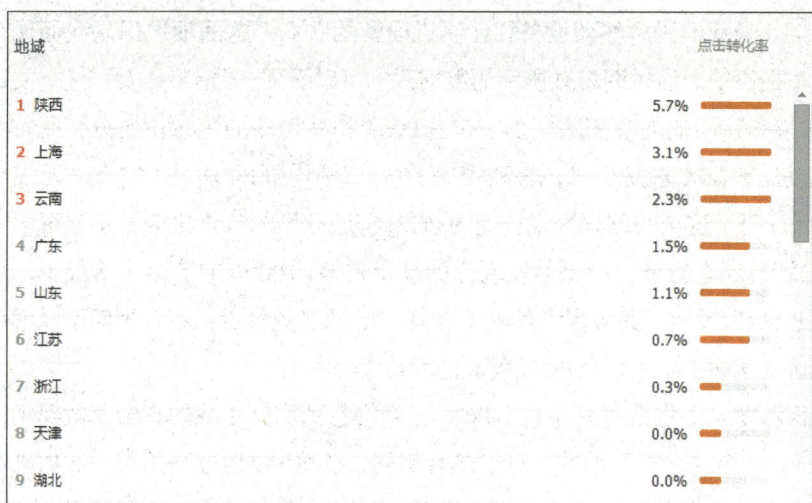

图2-29　数据透视地域点击转化率排序

再往下我们看到的是流量透视，其中我们首先可以看到的是该关键词在淘宝站内和站外的数据情况，如图2-30所示。

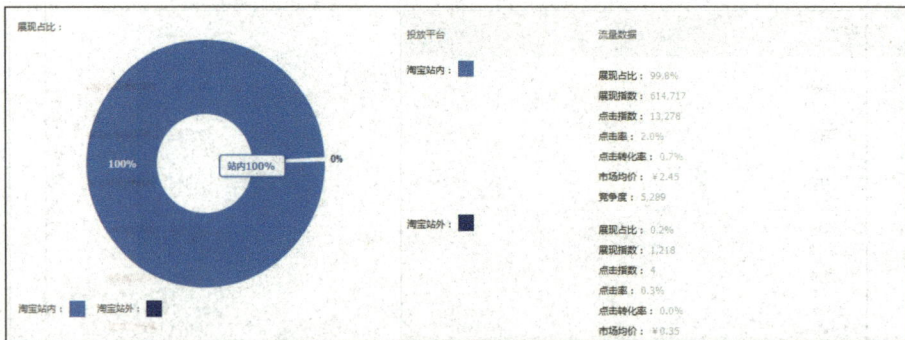

图2-30　数据透视不同投放平台的数据

我们可以看到"羊毛衫女"这个关键词在淘宝站内的展现占比是99.8%，站外的占比是0.2%，可见其大部分的流量在站内，所以商家在投放这个关键词的时候应优先考虑站内投放。另外我们还可以看到这个关键词在站内和站外的展现指数、点击指数、点击率、点击转化率、均价、竞争度等详细数据。

这些数据对于商家选择关键词、选择投放设备都是非常有参考价值的。比如"羊绒衫女"这个关键词，站外的转化率是0，所以这个关键词无论你投入多少广告费在站外，基本上不会带来成交和转化。

接下来我们讲解移动设备和计算机设备的数据，这两项数据是我们现在用的频率最高的。通过图2-31所示的数据我们可以看到，"羊毛衫女"这个关键词在PC端和移动端的数据的区别：它在PC端和移动端的流量占比分别是43%和57%，点击率PC端是0.7%，移动端是3.0%，市场均价PC端是1.57元，无线端是2.60元。对于这个关键词来说，因为PC端有近一半的流量机会，所以可以考虑做PC端直通车投放，如果你发现你的某个关键词PC端的流量占比很少，那么你在PC端做投放，其效果自然就不会好。通过这些分析，笔者相信可以解决之前某些商家关于要不要在PC端投放的问题。

但移动端的点击率明显高于PC端，经常有商家问：我的点击率做到了行业的2倍，但是为什么不给我上分？笔者想问，这里的2倍你是用哪个数据来衡量的？系统在计算的时候已经按不同设备、不同的数据来做考核指标了，如果还是按综合数据来计算，肯定无法满足系统的要求。

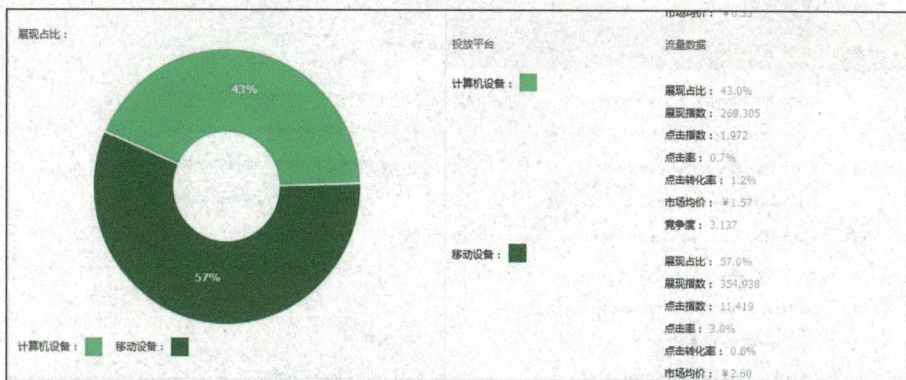

图2-31　数据透视不同终端的数据

　　上面两个部分数据是我们"开车"过程中最有用的数据指标，所以平常"开车"的时候一定要活学活用这些数据。

　　最底部的是竞争透视，如图2-32所示，我们可以看到在不同的价格区间获取到的展现数据和宝贝数量，还可以看到在整个大盘里流量匹配的一些情况。你要看自己产品所在类目有没有人在开"黑车"，通过这些数据也是可以分析出来的。

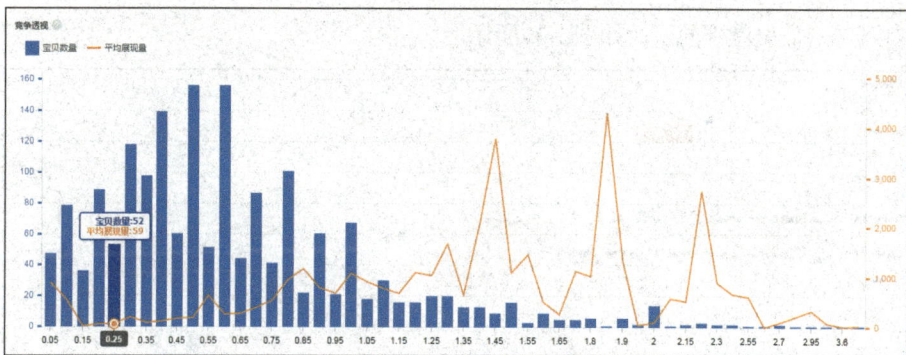

图2-32　数据透视中的竞争透视

　　线上推广排名在做PC端推广的时候还有参考价值，但无线端的推广排名在这里就看不到了，而且现在无线端在千人千面的机制下，已经不会有固定排名了，所以在后期优化的时候商家应多关注宝贝推广的综合排名，而不要一味追求无线端首条的位置，如图2-33所示。

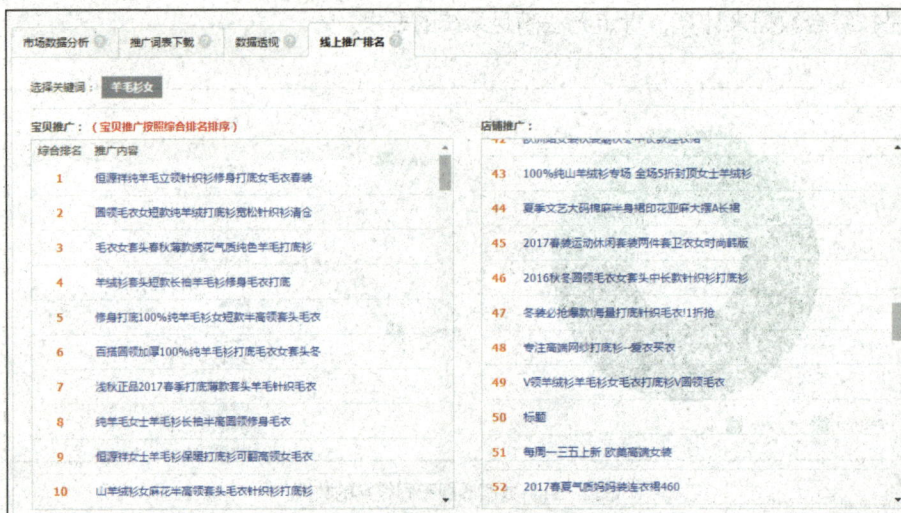

图2-33　流量解析中的推广排名

　　最后笔者要提一下关键词分析对比的功能：有的时候我们要分析一些关键词数据，比如"羊毛衫女""羊毛衫 女"这两个关键词数据，在流量解析里我们就可以去对比这两个关键词数据，看两个词之间增加了空格对展现指数是否有影响。从图2-34中我们可以看出，两个关键词的数据是一致的，说明在直通车推广的时候这两个关键词无论用哪个，得到的结果是一样的。但是它们在生意参谋中的数据就不同了，如图2-35所示。

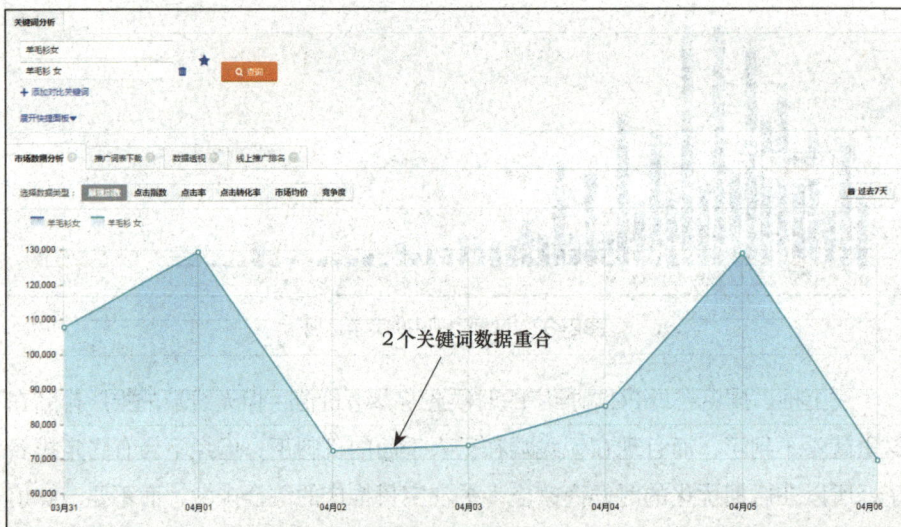

图2-34　流量解析中的关键词数据对比

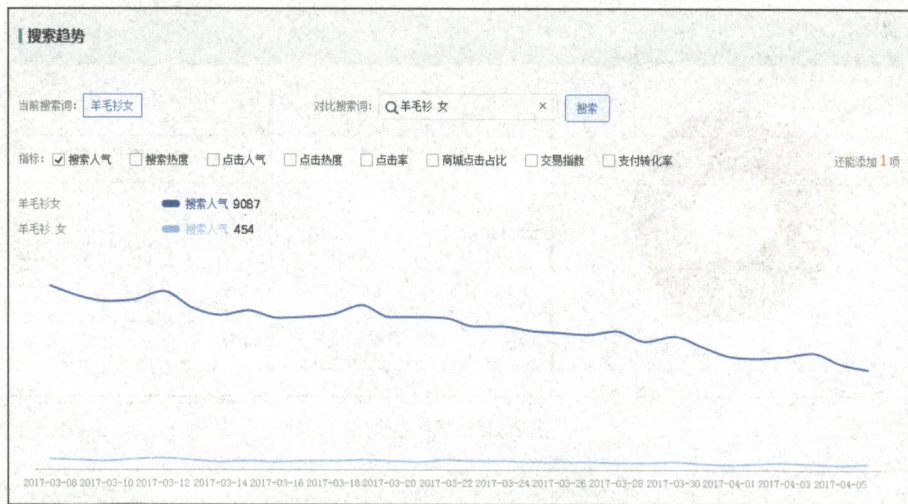

图2-35 生意参谋中的关键词数据对比

有些商家会纠结标题要不要加空格的问题，通过这个案例笔者认为你应该知道了，加或不加空格的区别是很大的，所以别乱加空格。

2.6 优化中心

账户优化中心可以帮我们分析整个账户或者计划的权重，如图2-36所示。平常我们都会说权重这个概念，但是它是看不见、摸不着的，我们可以从一些数据反馈的指标去分析权重的高低。通过优化中心，我们可以根据关键词分数的占比来观察账户权重的变化，比如9分和10分的关键词在上升，那么整个账户的权重也意味着在增加，反之就是下降。

除此之外，还可以去了解抢位助手和账户诊断这些工具，在推广的时候笔者很少会用这些工具，但有一些人比较喜欢用，这跟个人习惯有关。

关于直通车后台，笔者挑选这些重点来讲解，其他的内容可自行点开后台摸索，其中比较重要的有资质管理、违规记录、操作记录、财务记录等，我们接着来看。

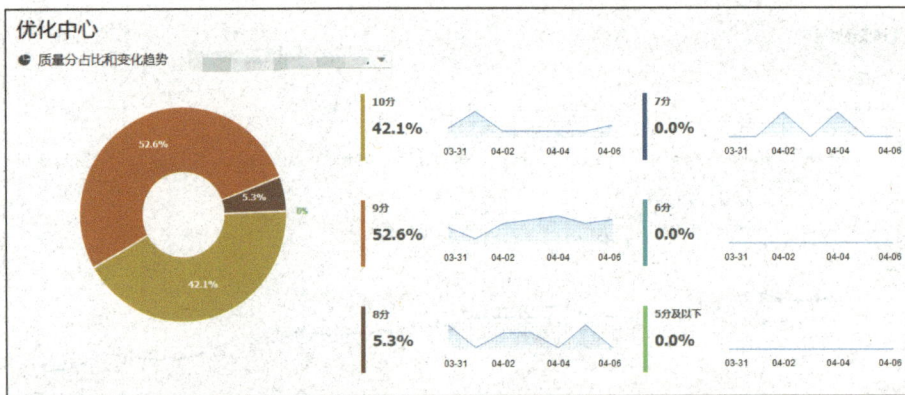

图2-36　优化中心

2.7　资质管理

在资质管理中，系统对不同类目经营的门槛要求是不同的，有些类目需要提供一些资料以后才能做推广，比如防晒霜，这个产品就需要提供功效的证明才可以推广。常见资质类型选择参考如图2-37所示。

（1）商标注册证/营业执照/授权书请选择品牌资质；

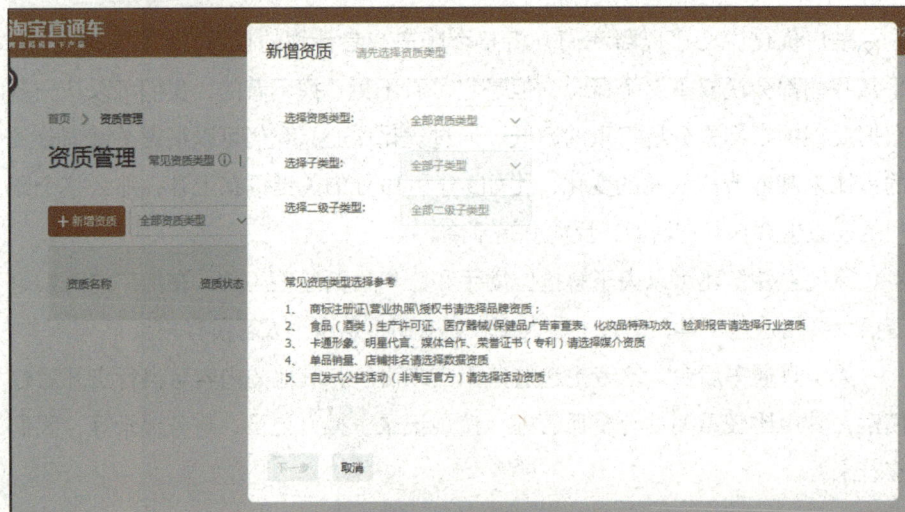

图2-37　资质管理

（2）食品（酒类）生产许可证、医疗器械/保健品广告审查表、化妆品特殊功效、检测报告请选择行业资质；

（3）卡通形象、明星代言、媒体合作、荣誉证书（专利）请选择媒介资质；

（4）单品销量、店铺排名请选择数据资质；

（5）自发式公益活动（非淘宝官方）请选择活动资质。

商家应结合自己的产品选择，使之满足系统的要求。

2.8 违规记录

无规矩不成方圆，直通车也有一系列规则，用来约束商家的推广行为。关于违规记录，分为3个等级：A类违规、B类违规、C类违规，如图2-38所示。

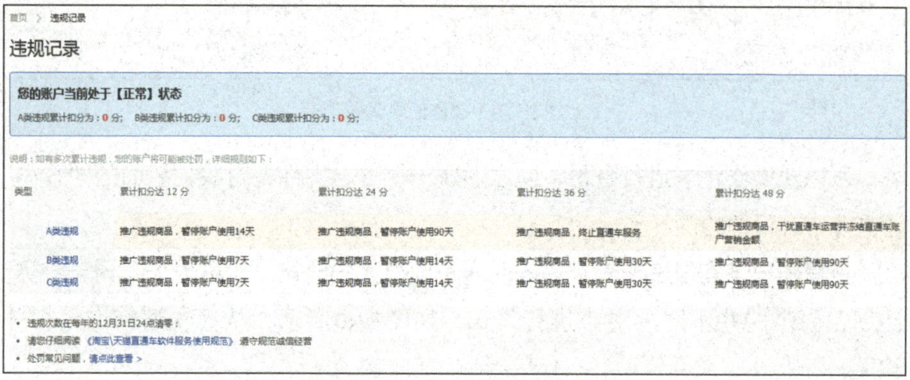

图2-38 违规记录

我们在后台可以看到每个类别的违规到了一定节点之后的处罚方式。商家在"开车"的时候一定要注意，自己的操作不要违反系统的规则。违规处罚的周期是1年，每年的12月31日会清零。

2.9 操作记录

在操作记录里，系统会记录商家每次操作的细节，如图2-39所示。有的时候商家可能会忘记自己前一天做了什么，大部分商家是不会对自己的"开车"行为做日志的，即鲜有人会记录自己每天的操作内容，导致有些重要的内容可能会被忘记。比如今天你在后台发现有一个关键词"太阳镜女偏光"，其7天数据不好，于是你把这个关键词删除了，但是你没有把这事记录下来。一个礼拜之后，你忘记了这回事，当你需要在计划中加关键词的时候很可能又把这个关键词加入进去了。这样的操作会非常没有效率。

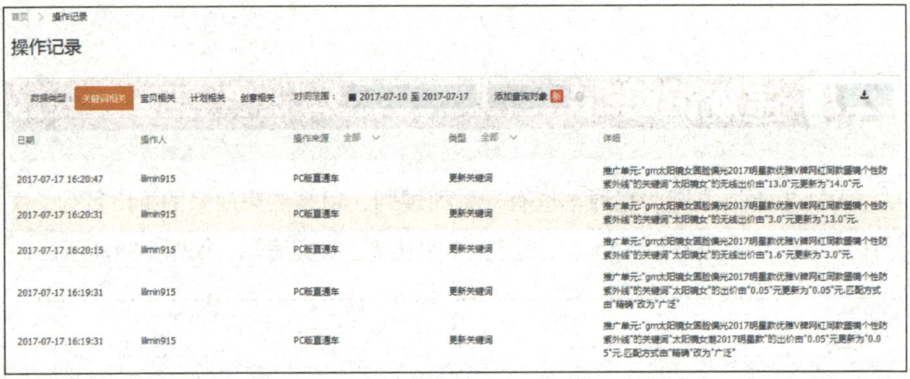

图2-39　操作记录截图

所以对操作记录进行备份，使之形成一个日志文件，对我们后面的"开车"还是非常有帮助的。

当操作记录有很多或者查询的时间跨度很大的时候，可以对关键词、宝贝、计划、创意这些不同的对象进行筛选，如图2-40所示，从而快速查询到相关结果。

图2-40　操作记录按照不同筛选入口

2.10 财务记录

在财务记录中，商家可以看到自己账户的扣费、充值情况，如图2-41所示，便于商家统计每月的直通车话费。此外，还有一个开票的入口，商家在直通车里花费的费用可以向阿里妈妈申请开具发票。

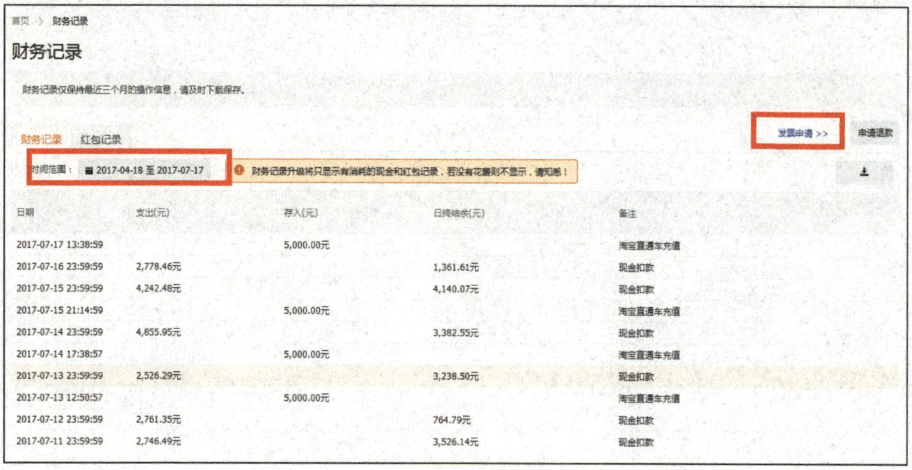

图2-41　财务记录

第三章

直通车推广如何选择关键词

关键词的学问很大，每个关键词都代表着不一样的搜索人群，也就是潜在的购买人群。在淘宝销售产品，我们首先要明确的就是产品的潜在顾客是谁？他们在哪里？如何才能找到他们？其中关键词就是找到潜在顾客的一个有效途径。此外，关键词还决定着整个搜索环境的竞争度，买家是通过某个关键词搜索进店的，所以同样的产品在选择不同主推关键词的时候，面对的竞争环境是不同的。在这一章，笔者将深度分析直通车关键词的玩法。

3.1 关键词的重要性

在线上交流或者在线下做沙龙时，笔者经常会遇到一些运营经验相对较少的商家，表示不会选择关键词，有一些人会选择200个关键词并添加到账户，然后就看运气了。可能有的时候会有几笔订单成交，也有的时候几天下来都没有成交。在本行业里面，这样的推广方式我们称之为广撒网——四处撒网，总有捕获到鱼的概率；但其缺点是很难积累起有效流量，这种方式在移动端已经很少使用了。

3.1.1 关键词决定了人群

买家在购物的时候，都会通过关键词来搜索产品，如图3-1所示。

图3-1　搜索关键词"新款连衣裙"

不同的人，因为生活习惯或者所处地域的不同，其搜索习惯也是不同的。比如A买家搜索"新款连衣裙"时，代表A买家喜欢找今年的新款，她比较在意连衣裙的款式；如果B买家搜索"连衣裙特价"，我们就知道她比较在意连衣裙的价格，她在找一个性价比比较高的款式。我们基本上可以通过关键词判断出A买家的消费能力比B买家要高，B买家会更倾向于买一些低客单价的产品，所以如果某商家在推广的连衣裙价格是100元以上，就不能去推广"连衣裙特价"这个关键词，因为这个关键词背后的人群不是其目标人群。

3.1.2 关键词决定了竞争环境

同样一个产品，在选择不同的关键词作为主推关键词时，其背后的竞争环境是不同的，笔者用一个简单的案例来解释一下。比如现在有A、B两个商家要推广同一款女鞋，A商家选择"高跟女鞋"作为主推关键词，B商家选择"真皮女鞋"作为主推关键词，我们对比图3-2和图3-3。根据这两个关键词

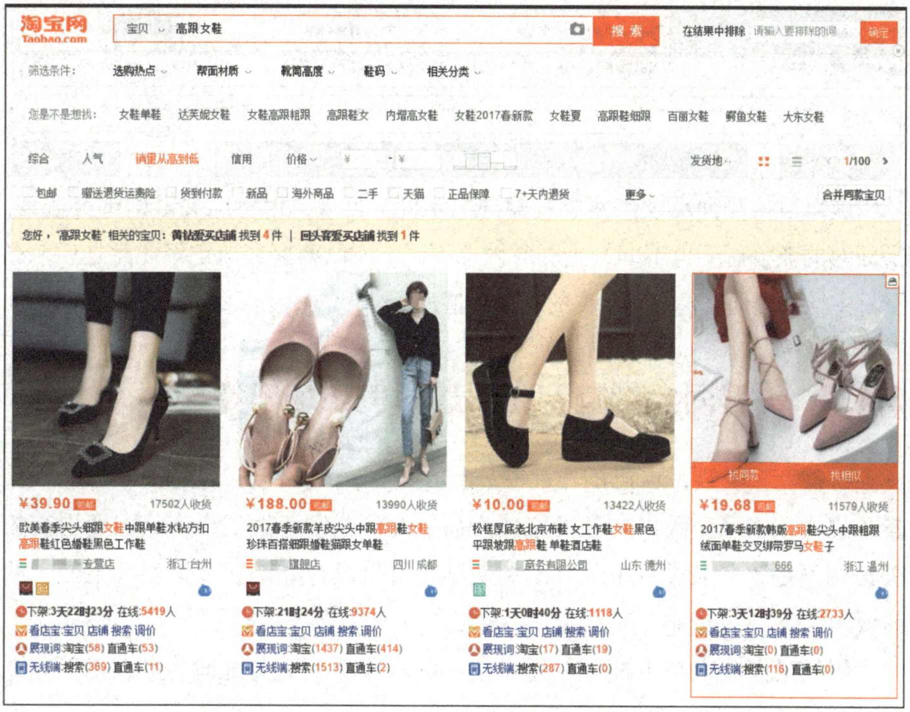

图3-2　搜索关键词"高跟女鞋"

的搜索结果，按照销量排序，"高跟女鞋"下销量最多的一家店铺有
17 502个人确认收货，"真皮女鞋"下销量最多的一家店铺有9 292个人确认
收货。

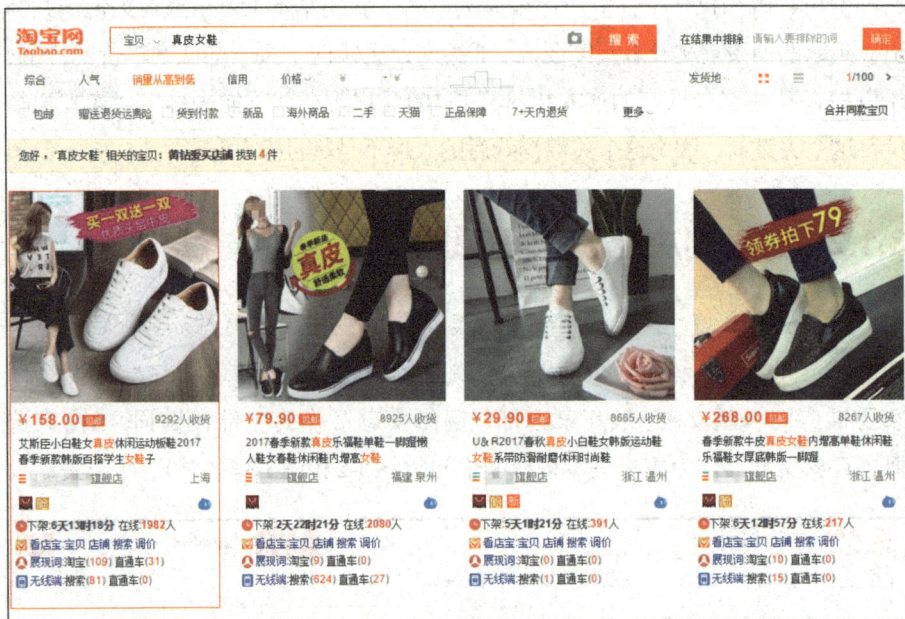

图3-3　搜索关键词"真皮女鞋"

这可以从侧面反映出两个关键词的不同。另外，用不同关键词进行搜索，
所面对的竞争对手也不同，主图环境也不同。所以商家在选定好产品之后，选
择好主推关键词也是非常重要的一件事情。

3.1.3　关键词会影响到商品最后的市场容量

有些商家发现，自己的产品在操作了一段时间之后，就遇到了瓶颈，流
量再也上不去了。我们去分析这些产品的时候常常会发现，产品主要引流的
关键词不是该产品类目下最大的关键词，所以没有办法获取该类目下最大的
流量。

例如某商家现在主推一款连衣裙，可以选择主推关键词"连衣裙"或者
"连衣裙女"，接下来我们做一下对比。

通过流量解析中展现指数的对比，我们发现这两个关键词的数据量差别非常大，如图3-4所示。其中"连衣裙女"的流量比"连衣裙"的流量要大很多。

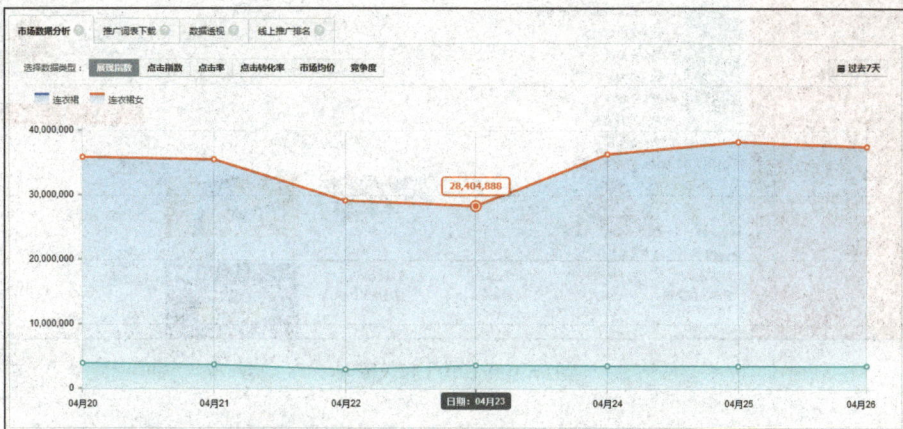

图3-4 "连衣裙女"和"连衣裙"关键词数据对比

通过上述3个方面的阐述，笔者期望能够帮助商家更好地理解关键词的重要性，从现在开始不要再随意地选择关键词，对于任何一个关键词我们都要认真地去选择，认真地去对待，就跟我们对待朋友一样。这样才能从中获取到最大的回报。

3.2 关键词的选择

在推广一个单品的时候，应该如何去选择关键词呢？

在选择之前，我们先需要了解关键词从哪里来。下面笔者将讲解8个关键词的选择渠道，商家可以通过这8个渠道去找到产品推广的关键词。

3.2.1 淘宝下拉框

在PC端搜索一个关键词的时候，淘宝系统会向商家推荐一些跟其主搜关键词相关的关键词，如图3-5所示。

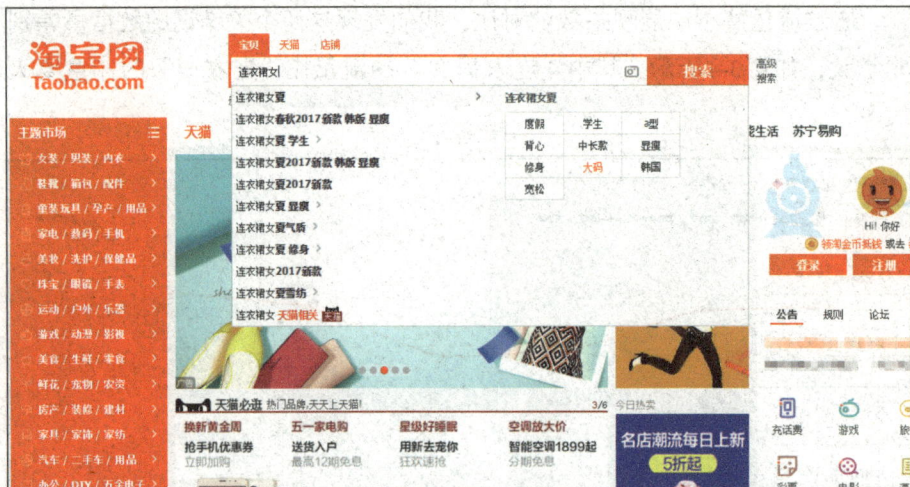

图3-5　PC端下拉关键词

图3-6所示是在移动端淘宝APP中搜索"连衣裙"之后出现的下拉关键词。

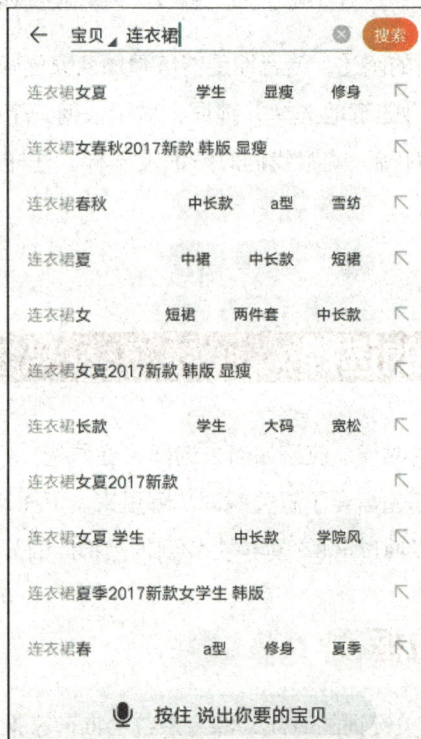

图3-6　移动端下拉关键词

无论是在PC还是移动端，搜索引擎系统都会给商家推荐一些跟其搜索关键词相关的关键词，目前移动端的流量占比达到80%以上，根据移动端用户浏览特点可以发现，在移动端，用户打字的效率会低很多，所以绝大多数用户在有其他选择的情况下不会去选择主动打字。这就意味着用户会优先点击系统推荐给他的关键词，这进一步意味着这些关键词的背后潜藏着巨大的流量资源。

由此我们可以知道，下拉框推荐词可以作为直通车推广的关键词来源，而且是最为重要的一个关键词来源渠道。

3.2.2　产品属性词

在PC页面的顶部输入产品关键词如"连衣裙"之后，我们可以看到一系列产品相关属性词，即产品属性词，如图3-7所示。

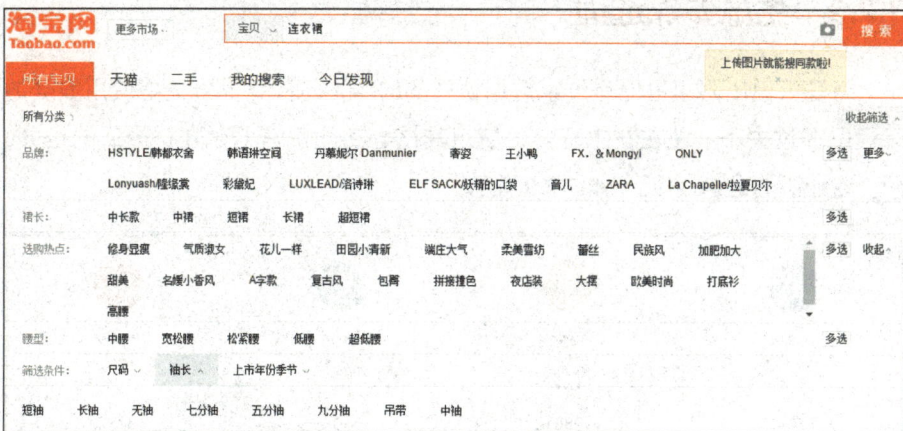

图3-7　"连衣裙"下拉属性词

中长款、修身显瘦、低腰、无袖等关键词都是用来描述连衣裙的，将属性词与产品词组合之后，就会出现核心的引流关键词，比如"连衣裙"+"修身显瘦"，组合成为"连衣裙修身显瘦"，如图3-8所示。

通过这种方式，商家可以组合出自己所需要的二级关键词、三级关键词。这些关键词因为是长尾关键词，搜索量没有"连衣裙女"这样的词来得大，但是从另外一个方面来说，其竞争度会小很多，更适合商家在推广新品时选用，或者在前期培养直通车账户时作为参考使用。

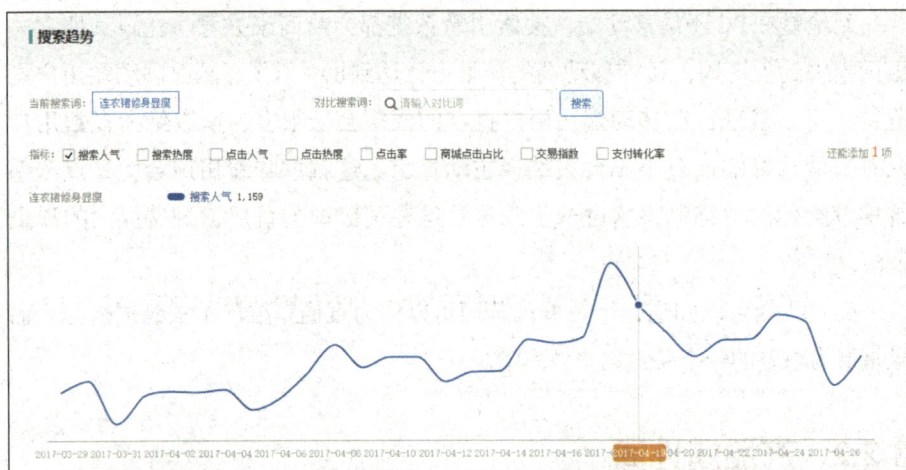

图3-8 "连衣裙修身显瘦"搜索趋势

3.2.3 生意参谋选词

当马云说出阿里巴巴是一家数据公司的时候，意味着商家免费使用数据的时代已经过去了。现在在生意参谋使用其核心功能都需要付费，最低的是900元，专业版的是3 600元，如图2-9所示。

图3-9 生意参谋付费版本

刚开店的商家，如果没有太多资金预算，可以先不买生意参谋，通过向身边朋友借用的方式也可使用这里面的数据。第一次购买，可以先买900元的版本，因为选词要用到的就是900元版本。

在生意参谋中，先找到"市场行情"模块，在这里我们要用到"搜索词查询"这个工具，如图3-10所示。

图3-10　生意参谋的搜索词查询

例如，搜索了"连衣裙女"以后，再点击"相关搜索词"这个标签，如图3-11所示，就会看到跟"连衣裙女"这个关键词相关的搜索关键词，这部分

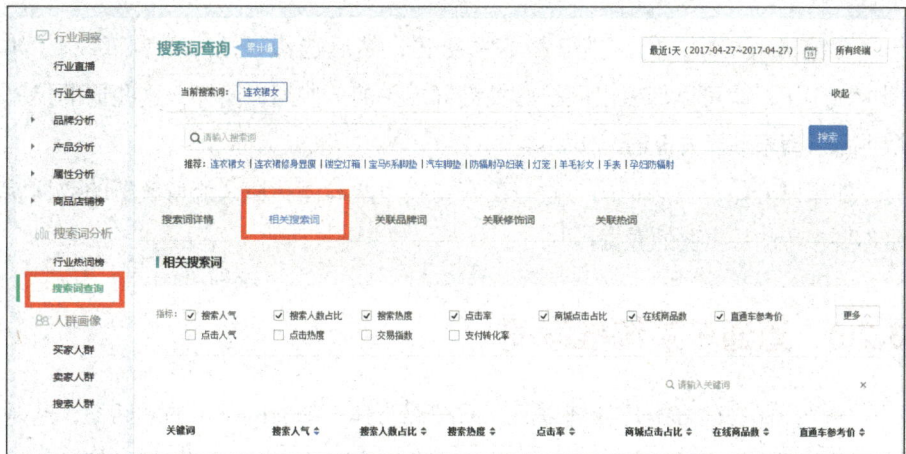

图3-11　生意参谋相关搜索词（1）

一般来说有500个关键词，类目小就没有那么多。做淘宝时间比较久的商家，应该知道这些关键词就是原来老的数据魔方里面的数据。

通过这里的数据，商家可以看到关键词的一些核心数据，比如关键词的搜索人气、点击率、直通车参考价格、商城占比数量等，如图3-12所示，这些数据在商家选择关键词的时候可以作为参考。

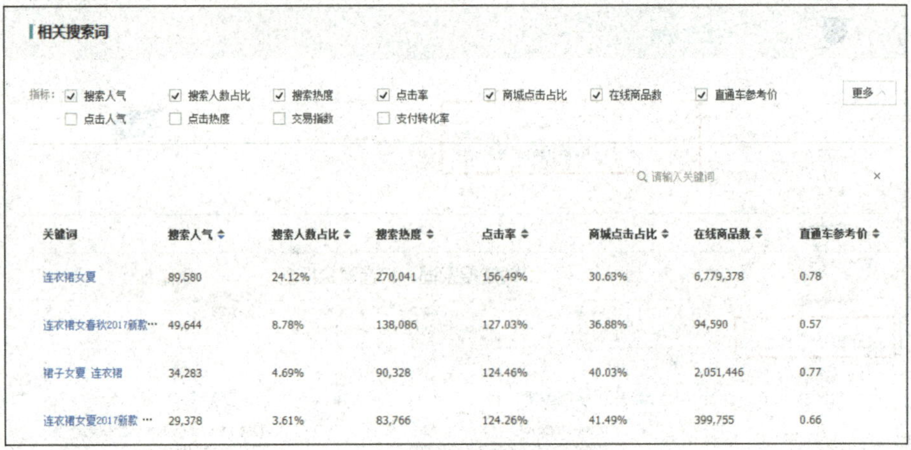

关键词	搜索人气	搜索人数占比	搜索热度	点击率	商城点击占比	在线商品数	直通车参考价
连衣裙女夏	89,580	24.12%	270,041	156.49%	30.63%	6,779,378	0.78
连衣裙女春秋2017新款…	49,644	8.78%	138,086	127.03%	36.88%	94,590	0.57
裙子女夏 连衣裙	34,283	4.69%	90,328	124.46%	40.03%	2,051,446	0.77
连衣裙女夏2017新款 …	29,378	3.61%	83,766	124.26%	41.49%	399,755	0.66

图3-12　生意参谋相关搜索词（2）

3.2.4　流量解析

关于流量解析，笔者在前文已讲解过，流量解析是商家运营直通车必备的工具。

在流量解析中，商家搜索核心关键词，然后选择“推广词表下载”，如图3-13所示，就可以衍生出跟核心关键词相关的一些词，同样，这些词的相关数据可供商家选择关键词时作为参考。

如果刚开始运营店铺的时候，没有购买生意参谋，那么流量解析的数据就是你要参考的最重要的数据。

3.2.5　直通车系统推荐词

每个产品在建好推广计划以后，系统都会弹出图3-14所示的对话框，这是系统根据产品的类目给商家推荐的用以推广的关键词，一般新手“开车”，可能

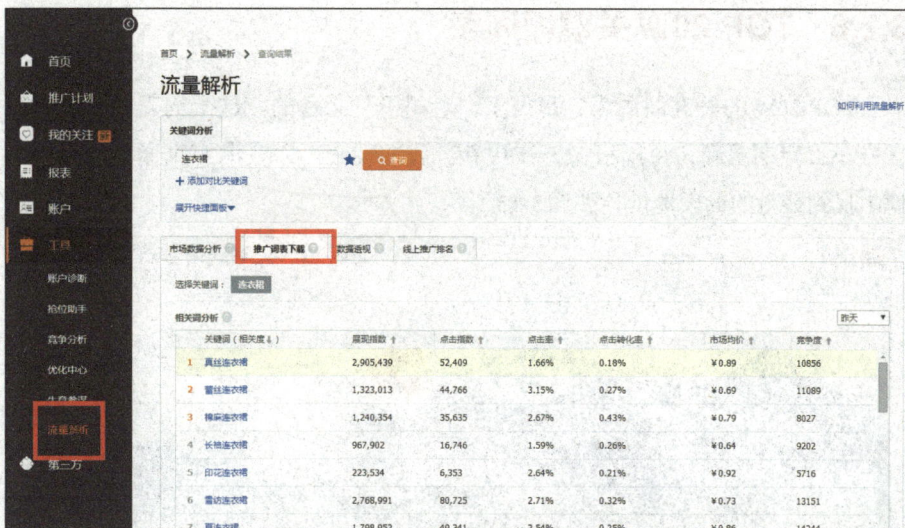

图 3-13　直通车流量解析推广词表下载

多是从这里选择的关键词。这样选择关键词的优点在于简单，不用花很多精力；缺点在于关键词数量有限，竞争度很大。

随着系统的完善，现在系统对关键词做了划分，包括PC端关键词、移动端关键词、热搜词、潜力词、同行词、飙升词、手机标签关键词等。这些专业的划分也可以作为关键词优化的参考。

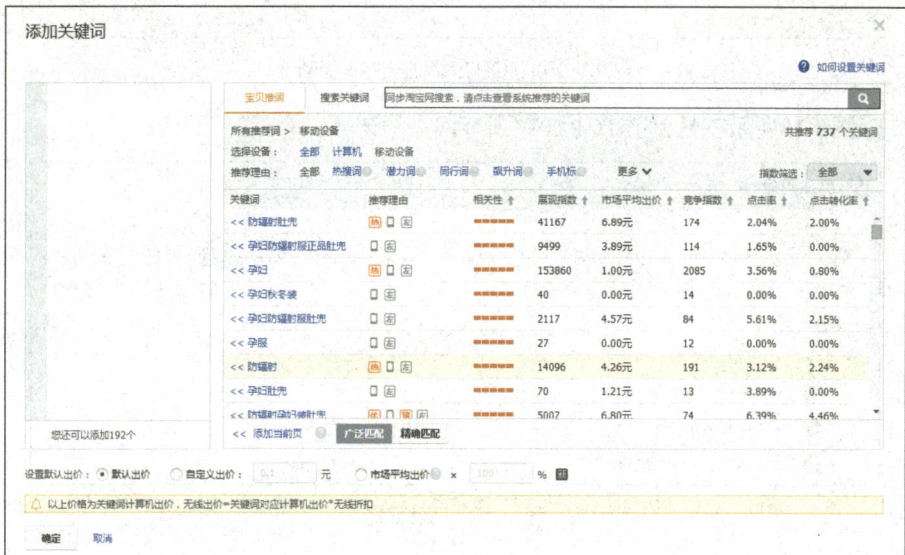

图 3-14　直通车系统拍者词

3.2.6 TOP 20W关键词词表

TOP 20W的关键词词表，是很多"老司机"必备的。这个词表由阿里妈妈官方小二定期更新，每周三做一次更新。我们现在可以在淘宝直通车的官方微博中找到最新的词表地址，如图3-15所示。

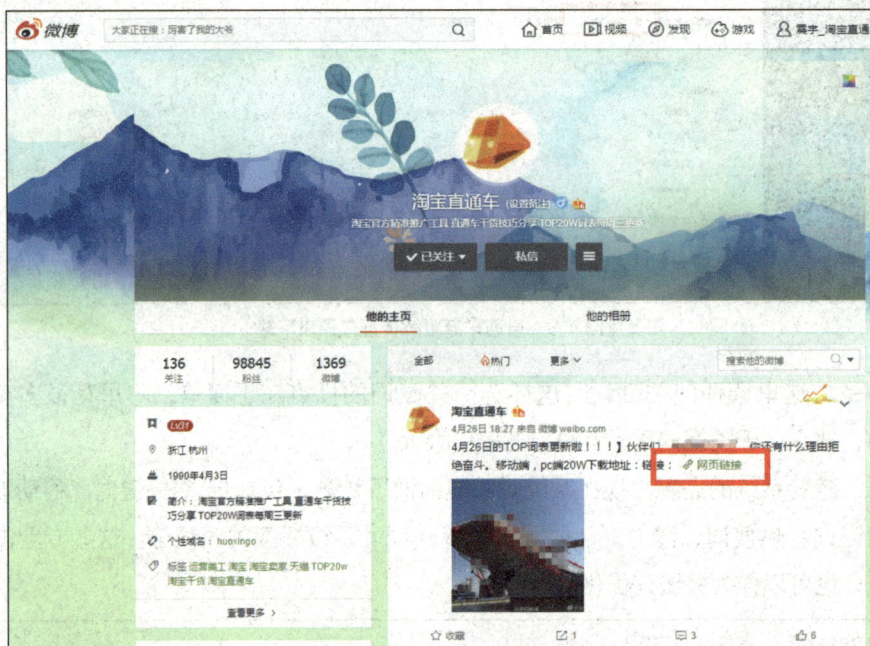

图3-15　TOP 20W官方微博更新

图3-16所示就是目前TOP 20W所存网盘的链接。

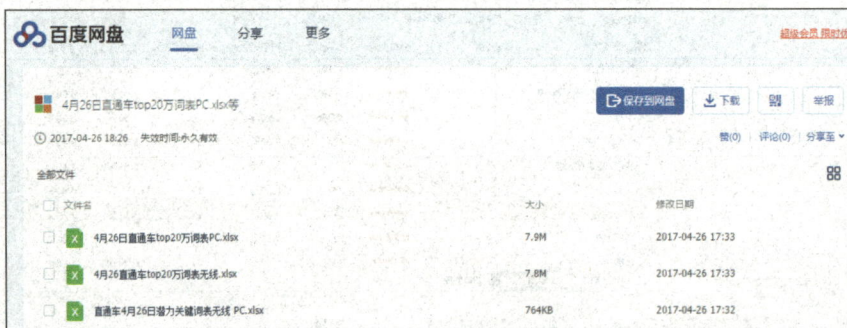

图3-16　网盘下载

从其网盘我们可以找到直通车在PC端和移动端的TOP 20W的词表，以及移动端潜力词，如图3-17所示。

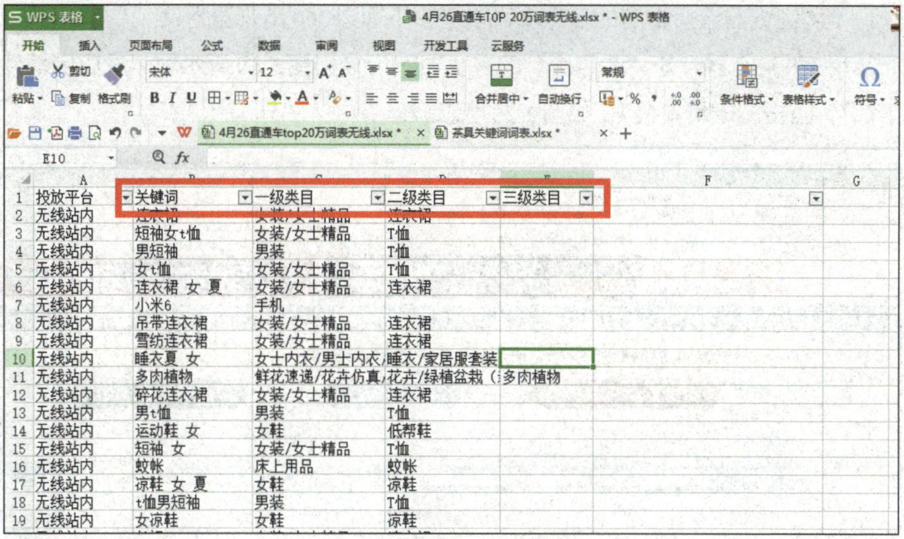

	投放平台	关键词	一级类目	二级类目	三级类目
2	无线站内	连衣裙	女装/女士精品	连衣裙	
3	无线站内	短袖女t恤	女装/女士精品	T恤	
4	无线站内	男短袖	男装	T恤	
5	无线站内	女t恤	女装/女士精品	T恤	
6	无线站内	连衣裙 女 夏	女装/女士精品	连衣裙	
7	无线站内	小米6	手机		
8	无线站内	吊带连衣裙	女装/女士精品	连衣裙	
9	无线站内	雪纺连衣裙	女装/女士精品	连衣裙	
10	无线站内	睡衣夏 女	女士内衣/男士内衣/	睡衣/家居服套装	
11	无线站内	多肉植物	鲜花速递/花卉仿真/	花卉/绿植盆栽（	多肉植物
12	无线站内	碎花连衣裙	女装/女士精品	连衣裙	
13	无线站内	男t恤	男装	T恤	
14	无线站内	运动鞋 女	女鞋	低帮鞋	
15	无线站内	短袖 女	女装/女士精品	T恤	
16	无线站内	蚊帐	床上用品	蚊帐	
17	无线站内	凉鞋 女 夏	女鞋	凉鞋	
18	无线站内	t恤男短袖	男装	T恤	
19	无线站内	女凉鞋	女鞋	凉鞋	

图3-17 TOP 20W数据表格

打开表格之后商家要对表格中的数据做一些处理，根据自己产品的所属类目筛选出自己需要的关键词。

3.2.7 竞争对手关键词

目前市面上有很多可以让你看到竞争对手的引流关键词的插件工具，商家可以按照自己的习惯来选择。接下来，笔者以“笔者店宝”为例来分析，如图3-18

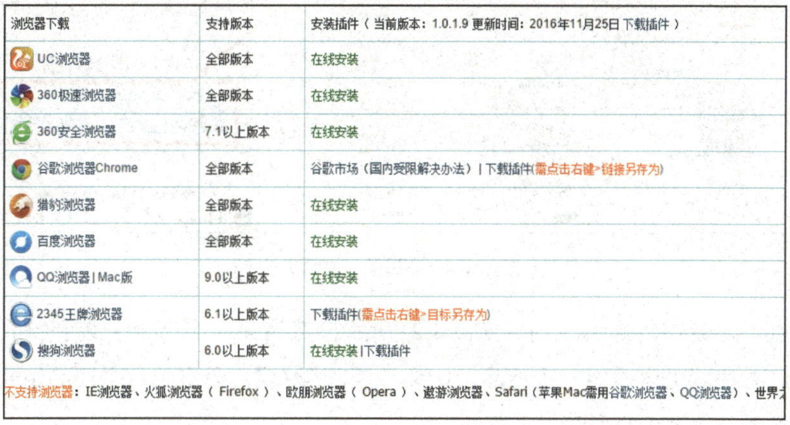

浏览器下载	支持版本	安装插件（当前版本：1.0.1.9 更新时间：2016年11月25日 下载插件）
UC浏览器	全部版本	在线安装
360极速浏览器	全部版本	在线安装
360安全浏览器	7.1以上版本	在线安装
谷歌浏览器Chrome	全部版本	谷歌市场（国内受限解决办法）丨下载插件(需点击右键>链接另存为)
猎豹浏览器	全部版本	在线安装
百度浏览器	全部版本	在线安装
QQ浏览器丨Mac版	9.0以上版本	在线安装
2345王牌浏览器	6.1以上版本	下载插件(需点击右键>目标另存为)
搜狗浏览器	6.0以上版本	在线安装丨下载插件

不支持浏览器：IE浏览器、火狐浏览器（Firefox）、欧朋浏览器（Opera）、遨游浏览器、Safari（苹果Mac需用谷歌浏览器、QQ浏览器）、世界

图3-18 看店宝支持的浏览器

所示。之前没有用过这个工具的商家可以去下载插件。

不同浏览器选择相应的插件就可以了。下面以360浏览器为例。

用360浏览器打开"看店宝"的首页，然后点击图3-19所示的"看店宝插件下载"，点击"一键安装"，如图3-20所示。

图3-19　用360浏览器打开看店宝首页

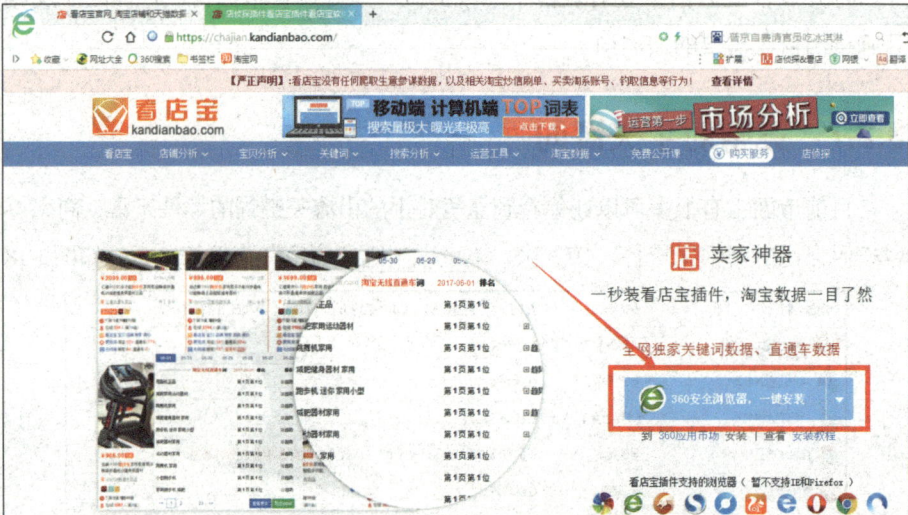

图3-20　点击"一键安装"

点击弹窗中的扩展应用，如图3-21所示，然后关闭浏览器，重新打开淘宝网。这时我们可以搜索一个产品，比如"连衣裙女"，会看到每个产品下面多了一些参数，如图3-22所示。

图3-21　点击添加扩展应用

图3-22　安装成功的截图

安装成功之后，关闭浏览器，再次打开淘宝网搜索之后，我们看到每个产品下面都会出现在线人数、下架时间、展现词等数据。商家就可以通过关键词去找到同行竞争对手，分析其引流关键词。

需要提醒的是，这里的竞争对手指同价格区间、同款式的产品。如果你卖的连衣裙的价格是168元，去找38元的同款产品作为竞争对手，这样显然是错误的。

通过看店宝这个插件，商家可以将关键词以Excel表格形式导出，如图3-23所示，这样就可以知道关于某个单品，你的同行在哪些关键词下面获取到了展现。既然他可以获取到展现，那么你也可以获取到展现。

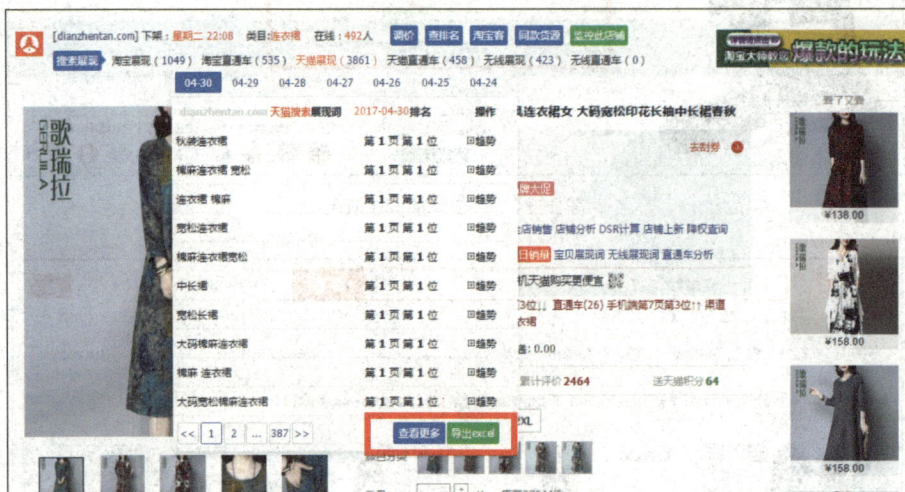

图3-23　将关键词以Excel表格形式导出

上面7个渠道可供商家"开车"选词的时候作为参考。那是不是每个商家都需要用上面的7种方法来选词？这也未必。主要看自己类目，类目大小不同，在操作的时候就略有不同，但是总体来说，多做总不会有错，少做就会错失很多有效的关键词。

我们了解了关键词的获取渠道之后，平时在抓取关键词的时候，就可以用到一些工具，目前市面上的免费工具比较多，前期笔者建议商家可以先用免费工具来抓词，比如逐鹿工具箱，这样效率会高一些。

3.3 建立词表

有了关键词，若没有数据，也没有太大的用处。如果每个关键词都要去数据透视中查，工作量就太大了。而且商家没有办法去做很多关键词的数据对比，所以最终我们要的结果，是每个关键词都带有相关数据，可供商家"开车"的时候去参考。

图3-24所示是一个关键词词表，来自淘宝直通车中的流量解析。因为淘宝现在已经禁止所有工具去获取生意参谋的数据，所以我们只能退而求其次，用流量解析的数据。如果单纯地从"开车"的角度来看，用流量解析的数据会更好。

图3-24　建立好之后的关键词词表

在表3-24中，综合数据对应图3-25所示的流量解析数据。

对关键词进行搜索之后，商家可看到图3-25所示的折线图。直通车后台工具会抓取前一天的数据，供商家参考使用。

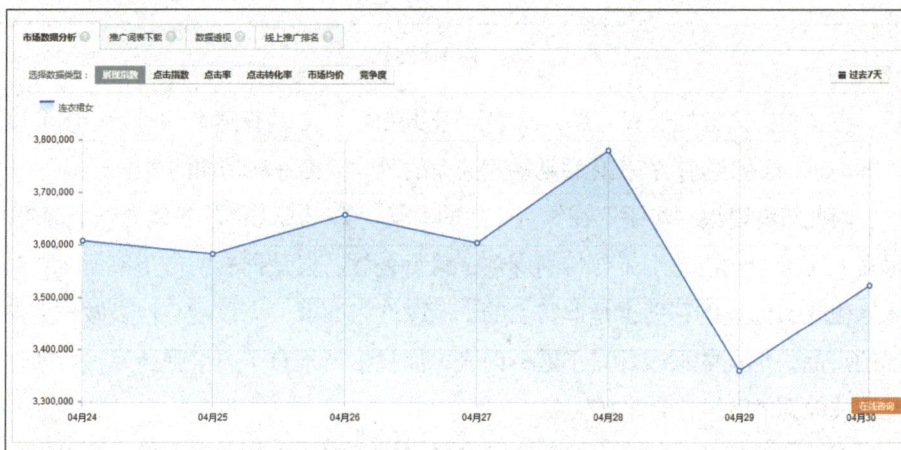

图3-25　关键词的综合数据

在2013年以前，商家"开车"时基本上看的就是这里的数据，点击指数、点击率、点击转化率，都是商家十分关注的数据。但是时至今日，如果仅关注这些数据，显然不够。因为现在大家的购物习惯变了，移动流量占比达到了80%以上，部分类目达到90%以上。因此我们在"开车"时对数据的精细化要求也更高了。

所以我们需要去分析关键词在数据透视中的相关数据，商家在"养"账户的时候对PC端的点击率和移动端的点击率要分别参考和优化，仅以综合数据的点击率来优化就会有问题。比如现在有一个关键词A，它的综合点击率是2%，移动端的点击率是4%，PC端的点击率是0.8%，如果商家在做移动端点击率的时候做到了3.8%，这虽然比综合点击率要高，但是低于移动端点击率，账户权重很难得到提升。从数据来看，关键词很难做到10分！

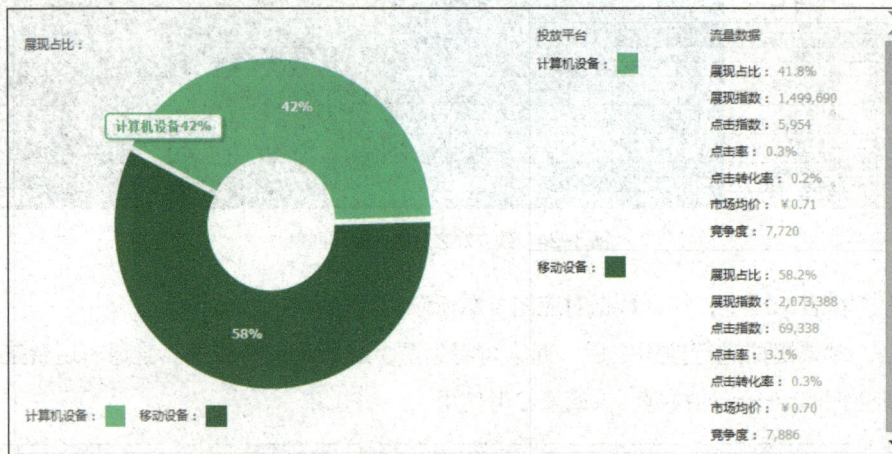

图3-26 关键词数据透视

有了关键词数据透视之后，商家就可以在优化PC端直通车的时候，参考该关键词PC端的数据，在优化移动端直通车的时候，参考移动端的数据。

因此笔者建议"车手"在做新账户的时候，第一项工作就是建立一个词表，很多人可能会觉得这个工作特别麻烦，懒得去做。但是词表的作用很大，它对未来优化直通车的帮助也是非常大的。所以作为商家，应该耐心地去做一下自己的产品关键词的词表。有了这个词表，你就相当于有了一个弹药库，后期你在测关键词的时候就会非常从容。

至此，关于关键词的内容笔者就讲完了。词表的工作需要多做，可以用一些辅助的工具，先按照我们前面讲的7个渠道把关键词找出来，然后再用工具去获取流量解析的数据。这样我们就可以获取到图3-24所示的表格了。

第四章

直通车点击率优化

点击率是直通车永远无法绕开的话题，直通车的优化重点都是围绕点击率来进行的。直通车扣费原理即按照点击扣费，因此无论淘宝如何调整算法，都不会放弃对点击率的考核。系统也会把更多的展现机会给予点击率高的产品，因为点击率高的产品，它的广告贡献值就会高，这正是淘宝所喜闻乐见的。这一章，笔者会重点讲解直通车点击率的影响维度，以及如何优化直通车的点击率。

直通车点击率的影响因素包括产品、销量、价格、创意图片、创意标题、关键词、人群标签、推广位置、推广时间、竞争环境等。

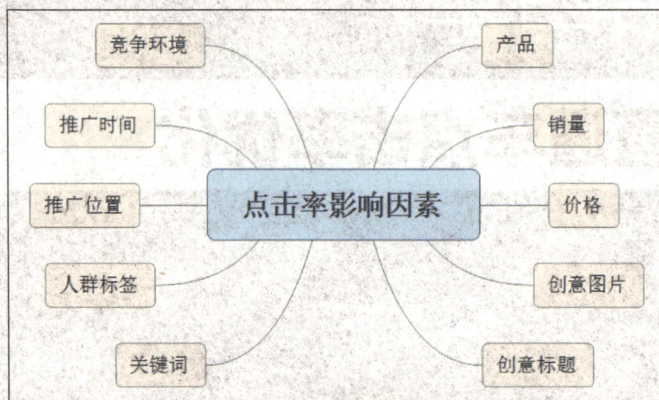

图4-1　直通车点击率的影响因素

4.1　产品

产品是根本，离开了好的产品，所有的推广都很难达到预期的效果。有些产品的点击率天生就很高。所以商家在选择产品的时候，一定要花10倍、20倍的精力去选产品。

很多商家尤其是厂家，都觉得自己的产品是最棒的，对自己的产品过度自信。这本身不是什么坏事情，但是产品好不好，卖家说了不算数，买家会用双手来投票，你的产品宣传得再好，若买家不下单购买，什么都是空的。所以针对任何一个产品，笔者建议先做一下测款，即针对目标人群做一下测试，看看市场对这个产品的反馈怎么样，这样在后期做推广的时候会更有信心。

我们曾接手过一个做女鞋的账户，图4-2所示其是某款产品上架第1天的数据，其中点击率为7.77%。对于很多产品来说，比如男士的眼镜，要把点击率优化到7%以上很难，但是这个产品自带点击率就有7.77%，后期优化之后比较容易达到10%以上，这样的产品在后期操作的时候从点击率的角度来说就比较好优化了。

图4-2 产品测款的数据截图

4.2 销量和价格

销量和价格对直通车的点击率也会有影响，如图4-3所示。我们分别从PC端和移动端这两个不同的投放设备去分析。

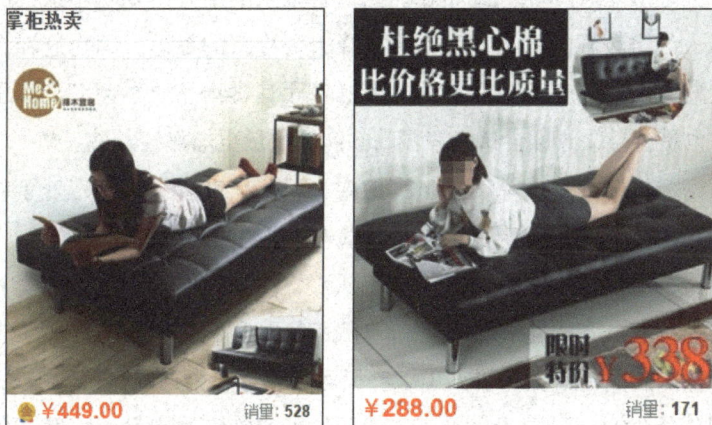

图4-3 销量和价格对点击率影响

我们先来看PC端，在PC端进行直通车广告投放的时候，我们在右侧的12个位置（已在前文中介绍过PC端的推广位置）推广展现的元素，包括价格、销

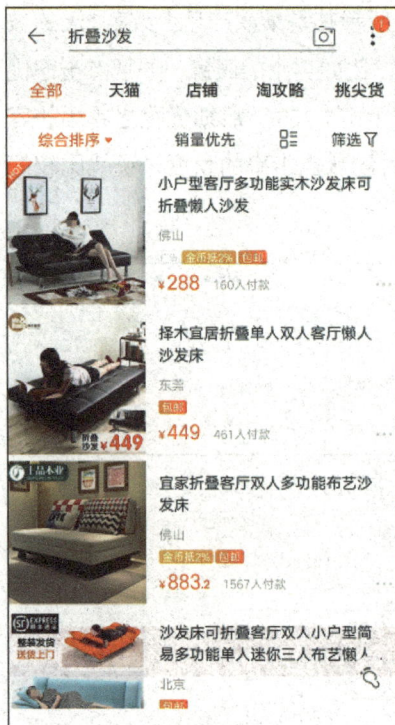

图4-4　移动端直通车的推广

量、车图。在标品类目中，买家对销量和价格是比较敏感的，这这种情况下，销量高的产品或者价格相对较低的产品，都比较容易获取到点击。

我们再看移动端的直通车推广位置，如图4-4所示。

在移动端的推广位置上，直通车展现的元素有直通车车图、销量、价格、直通车推广标题。相较于PC端来说，其销量和价格影响会弱一些，但还是有影响的。

买家在购物的时候，首先会考虑购买性价比更高的产品，所以同样的产品，比如图4-4中的沙发，在449元和288元这两个产品中，买家无论最终会不会购买228元的产品，都有很大的概率去点击这一产品。

此外，买家在购物的时候，都有从众心理。什么是从众心理呢？比如我们到一个陌生的地方，要吃午饭的时候，往往会选择人气比较旺的餐馆，而不会选择去很冷清的餐馆。因为这样我们会更加有安全感——我们潜意识中认为人多的餐厅其食物品质不会差到哪里去。在淘宝购物也是这样，买家会认为销量高的产品质量更加靠谱一些。

如果商家推广的是新品，当产品上架之后，在销量方面肯定处于弱势，因此在推广前期一定要做好产品的基础销量和有意义的评价。价格不能太低，否则赚不到钱，做淘宝的本质就是做零售买卖，卖家如果处于亏本买卖，还不如不做，所以笔者一直不主张为了打价格战而牺牲利润甚至亏本。除了真实的降价，如果你的产品类目支持SKU（指宝贝可以设置多个产品属性链接），就可以做一个低价的SKU，引导买家进店，然后你真实销售的产品可能跟竞争对手是一样的。这一操作要根据你的目的去做，因为这种方式引来的流量其跳失率比较高，但用于提高产品点击率还是不错的。

4.3 创意图片

在直通车点击率优化中，创意图的优化占了很大的比率，这部分内容笔者将在第五章详细讲解，在此不再赘述。

4.4 创意标题

经常会有一些商家争论直通车创意标题是否会影响点击率，针对这个问题，笔者做了一个测试，如图4-5所示。

状态	创意	创意尺寸	投放设备	展现量	点击量	点击率	平均点击花费	花费
推广中	[顺丰包邮] [下单减20] 韩国gm太阳镜女V牌 298.00元	800x800	计算机&移动	13,168	536	4.07%	￥1.94	￥1,039.42
推广中	墨镜gm太阳镜女2017明星新款韩国眼镜偏光 298.00元	800x800	计算机&移动	24,175	1,312	5.43%	￥1.90	￥2,491.25
推广中	墨镜gm太阳镜女潮2017明星款韩国眼镜偏光镜 298.00元	800x800	计算机&移动	14,087	460	3.27%	￥1.92	￥885.25
	(合计)			51,430	2,308	4.49%	￥1.91	￥4,415.92

图4-5　创意标题不同点击率不同

在图4-5中，创意1和创意3之间的区别就是创意标题不同。在测试之后，我们发现创意1的点击率是4.07%，创意3的点击率是3.27%，可见创意标题会影响点击率。

接下来我们从不同的设备去分析，在什么样的情况下创意标题会影响点击率，而在什么情况下创意标题又不会影响点击率。

在PC端关键词搜索的右侧推广位置，共有12个，默认不展现直通车推广的创意标题，如图4-6所示。只有当我们把鼠标放到图片上以后，才会展现出直通车创意标题，如图4-7所示。

这样对比之后我们就很好理解了，在PC端右侧推广位置，创意标题不显示，所以创意标题不影响点击率。

图4-6　PC端右侧车位展示元素

图4-7　把鼠标移至图片上，PC端右侧车位展示推广标题

我们再看一下PC端左侧第一个展示位置，如图4-8所示。

图4-8　PC端左侧第一个位置展示元素

在这里，推广产品显示的是产品的全标题，所以直通车创意标题也不会影响到点击率。

我们再来看PC端底部的5个位置，如图4-9所示。

图4-9　PC端底部5个位置的展示元素

在这些位置创意标题被显示出来了，但是图片占比比较大，买家的视觉重点会停留在图片上而很少会注意到创意标题，所以创意标题对产品点击率有影响但影响不会很大。

接下来我们看一下移动端的图片。

移动端的产品展现方式有两种：列表模式和图表模式，如图4-10所示。

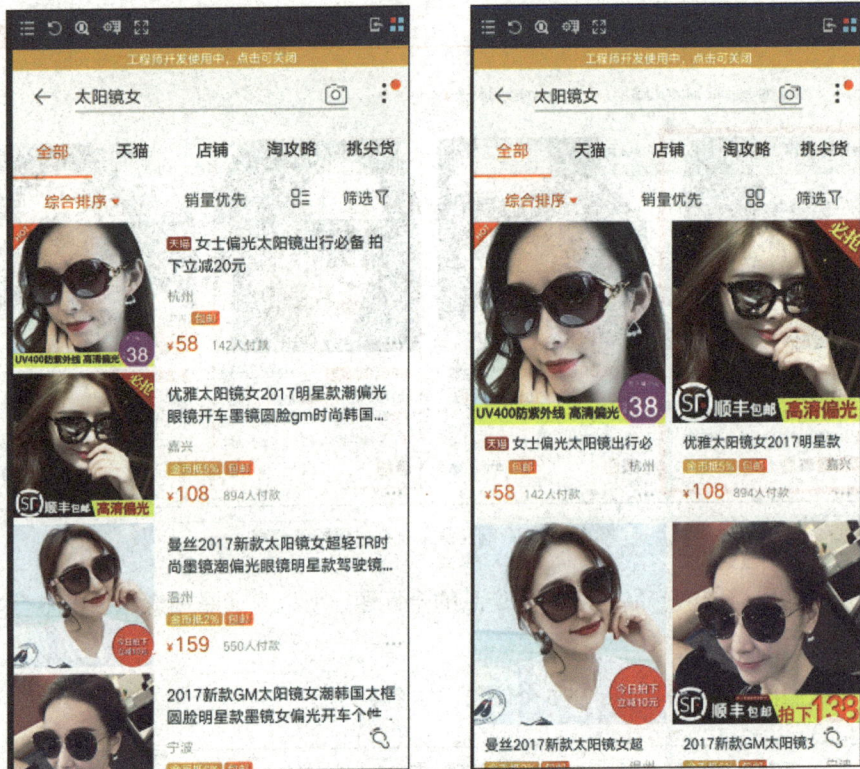

图4-10 移动端直通车展示方式

在列表模式中，我们可以看到，第一个直通车推广位置展现了直通车的创意标题，而且在这种模式中，标题所占面积比较大，因此对于点击率的影响也是最大的。因此可以适当地用一些促销文案，如"顺丰包邮""拍下减20元""聚划算"等，这些文案都有可能提高产品的点击率。

在图表模式中，我们可以看到第一个直通车推广位置上面没有完全展现创意标题，且直通车的车图占比很大，买家视觉重心也会停留在创意图片上。所以在这种模式中，创意标题对点击率的影响不是很大。

通过上面的分析，我们再来看创意标题是否会影响到直通车的点击率，答案是肯定的。但是其影响程度要根据推广环境来定。在做好车图创意以后，笔者建议商家可以通过不同的创意标题再做一轮测试，进一步提高整个创意的点击率。

4.5 关键词

关于关键词的重要性，第三章已强调很多，如果做搜索流量或者直通车流量忽视了关键词这个部分，其结果就跟闭着眼睛开车一样严重。

笔者以两个关键词——"太阳镜"和"太阳镜女"为例来说明，如图4-11所示。通过上面的数据我们可以发现这两个关键词的点击率差别特别大，"太阳镜女"的点击率有5.0%左右，"太阳镜"的点击率是1.5%左右。所以如果在做直通车账户权重的时候，选择用"太阳镜"这一关键词，那么你的创意点击率肯定做不高。

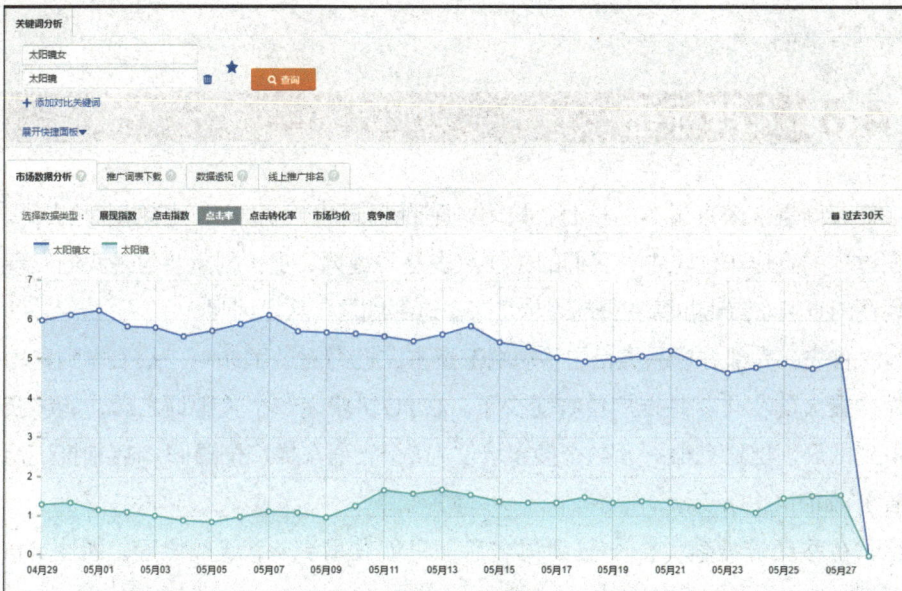

图4-11 "太阳镜"和"太阳镜女"数据对比

现在直通车在移动端和PC端已经独立操作了，所以在平常"开车"的时候，我们需要关注的是数据透视中的关键词数据，同样一个关键词，其在移动端的点击率和在PC端的点击率也会有很大的差别，如图4-12所示。

总结一下，在直通车推广的不同阶段，商家要选择不同的关键词，不同关键词背后的数据差异很大，商家需要像对待朋友一样去对待所选择的每个关键词——我们在跟别人交朋友之前，一定会先行了解对方，看其性格秉性是不是

91

跟你的吻合，选择关键词也是如此。

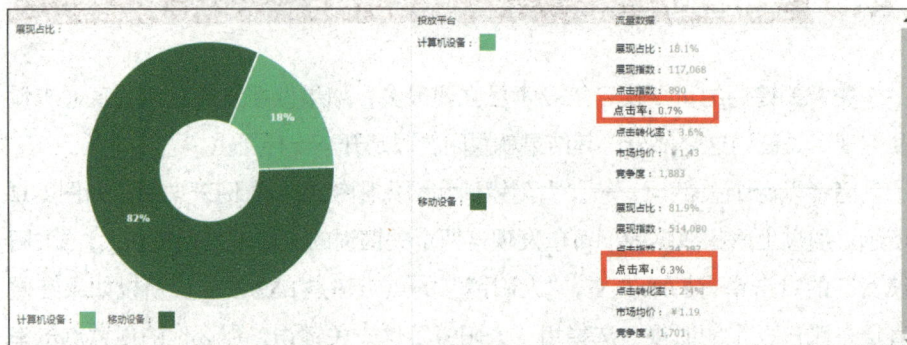

图4-12　数据透视PC端和移动端对比

4.6　人群标签

　　人群是未来直通车的核心，接下来笔者想阐述一下搜索人群的来龙去脉。在过去的直通车优化中，我们的关注点多是关键词、出价创意。但是我们发现现在的直通车点击扣费变得越来越贵了。这到底是什么原因呢？

　　首先，大部分产品类目的移动端流量占比已经超过了90%，从PC端到移动端，最大的变化就是推广位置变少了。在PC端搜完一个关键词之后，能够获取到的展现位置有64个（43个搜索坑位+18个直通车推广位置+3个店铺推广位置），如图4-13所示。

　　在移动端搜索完一个关键词之后，只能获取到4个展现位置，如图4-14所示。

　　按照买家的浏览习惯，一般会浏览5～10屏，之后基本上不会再往下看了。而且越到后面，买家就越不会认真地去看，所以在移动端，真正效率比较高的位置可能也就前面的3屏。所以总共十几个位置，直通车车位就3～5个。

　　从PC端到移动端推广位置的减少导致了竞争度的增加。

　　其次，买家在PC端可以输入的关键词的数量比较多，搜索的时候会弹出更多的长尾词，但是在移动端，买家因为界面的限制，输入的关键词数量变少了，这样就会导致商家在购买关键词流量的时候，可以购买的关键词数量减少了。

图4-13　PC端的位置比移动端多

　　最后，竞争的商家数量也在增加，尤其是随着一些传统的线下大品牌的商家的进入，其吸走了很大一部分流量，使得中小卖家要获取到流量变得越来越困难了。

　　基于这样的背景，系统就必须去考虑引入新的流量匹配方式，千人千面正好符合系统的这一需求，同时也可以提高买家在淘宝购物的体验度，所以系统会越来重视人群标签，将带有标签的商品和带有同样标签的买家匹配在一起，这样能够最大化地去利用平台的流量。

　　以前我们做直通车推广的时候，关键词流量是打包销售的。比如一个卖眼镜的商家，卖的眼镜是女款，客单价是158元，用直通车推广的时候推广了关键词"太阳镜女"，这时所有搜索"太阳镜女"的买家都有可能看到并点击该产品。

图4-14　移动端位置变少

如果商家不想那些只喜欢买低价眼镜的人看到商家的广告，基本不可能。2016年之后，"黑车"疯狂地传播，进一步拉高了普通商家的直通车推广花费，系统如果再不考虑更改，越来越多的商家可能会抛弃直通车，直通车会走向衰弱和灭亡。所以系统开始重视人群，开始考虑把原来的蛋糕分开来销售，按照不同的年龄层次、不同的消费层级、不同的风格属性等维度去分割蛋糕，让商家可以找到自己喜欢的口味。

目前人群的标签还不是很多，但是笔者相信在未来，系统还会引入更多的标签，如果你用过达摩盘的话，肯定会对它有印象，其后台标签比直通车要多很多。

这就是人群标签的由来，知道这些可以方便我们更好地利用它。现在我们在做直通车的时候，刚开始就需要把人群标签打开，去获取自己想要的那部分人群的流量，如图4-15所示。

图4-15　直通车后台人群标签

　　如图4-16所示，不同人群的点击率之间的差别并不大，因为这是一个优化好的账户，剩下的标签已经不多了。很多标签的点击率的差别是非常大的，我们只要把点击率高的人群留下来或者将点击率高、转化率好的留下来。

	状态	搜索推广	溢价	展现量	点击量	点击率	花费	直接成交笔数	平均点击花费	间接成交笔数	收藏宝贝数
		优质人群									
□	暂停	收藏过店内商品的访客	79%	-	-	-	-	-	-	-	-
□	推广中	店内商品放入购物车的访客	82%	4,310	323	7.49%	￥309.40	61	￥0.96	1	9
		节日人群									
		同类店铺人群									
		付费推广/活动人群									
		天气人群									
		人口属性人群									
□	推广中	有宝宝 3周以上 40岁以上	79%	3,782	306	8.09%	￥314.43	62	￥1.03	0	9
□	推广中	有宝宝 3周以上 35-39岁	83%	8,948	755	8.44%	￥807.41	165	￥1.07	3	31
□	推广中	有宝宝 女 25-34母亲	82%	53,936	4,852	9%	￥5,128.74	1,026	￥1.06	50	127
□	推广中	有宝宝 3周岁以上 25-34岁	79%	7,224	666	9.22%	￥704.91	133	￥1.06	3	15
□	推广中	300以下，300-549元	77%	125,604	11,782	9.38%	￥11,352.50	1,775	￥0.96	54	326
		合计：汇总		203,804	18,684	9.17%	￥18,617.39	3,222	￥1.00	111	517

图4-16　不同人群的点击率不同

4.7　推广时间

　　每个产品在一天中的成交是有时间段区别的，有些产品白天成交量比较好，有些产品晚上成交量比较好，笔者认为，系统在匹配流量的时候是按照时间段来分配的。在做直通车点击率的时候，如果你细心分析每个时间段的点击率，就能够发现不同时间段之间的点击率也会有一些差别。

　　如果你没有做得那么细致，又如何去设置投放时间，让你的推广更加有效呢？一般来说，我们会根据每天的成交时间段来设置投放时间，如

图4-17所示。如果是新开的店铺或新产品,你可以参考行业数据;如果你有自己的经验或者历史数据可供参考,最好还是用自己的历史数据,这样是最精准的。

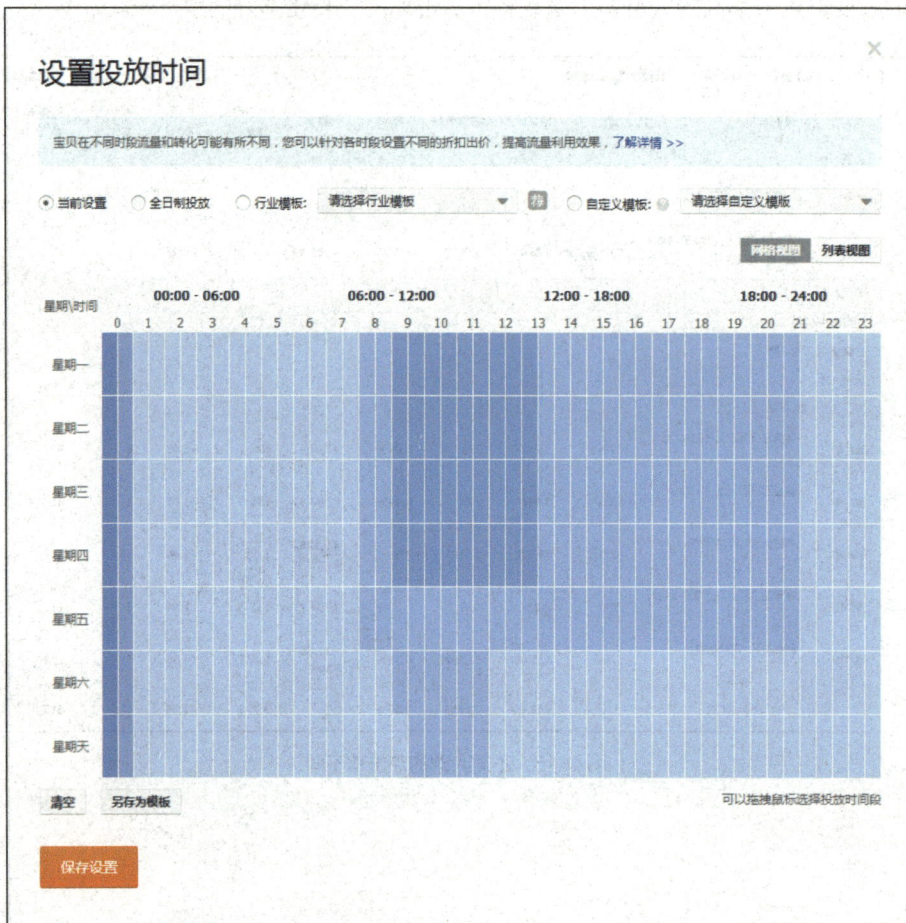

图4-17 设置投放时间

此外,系统也会推荐模板,即时间折扣行业模板,如图4-18所示,但系统推荐的模板是根据类目来算的,一个大类目中又包含多个子类目,每个子类目之间存在一定差别,所以综合之后的这个数据并不是一个很理想的参考数据。

比如对于眼镜类目,在系统推荐的模板里就包含了zippo、瑞士军刀、眼镜的所有数据。

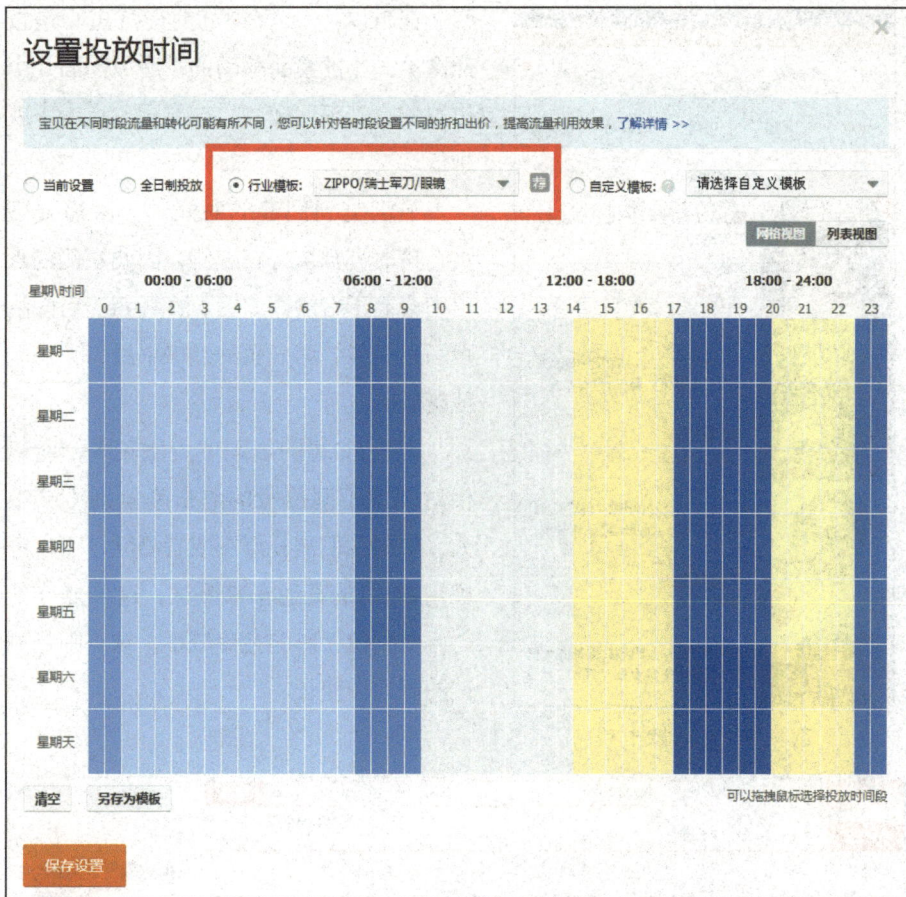

图4-18　时间折扣行业模板

4.8　推广位置

产品展现位置会影响到产品的点击率，在PC端和移动端都会有影响，且移动端的影响会更大一些。

移动端的第一个位置的点击率是最好的，如图4-19所示，买家搜完关键词之后，第一眼看到的就是这个位置的直通车推广，只要产品图片做得还可以，这个位置的点击率可以做得更高。越往下，点击率就会越低，直到买家最终放弃点击，放弃浏览。

图4-19　移动端推广位

在PC端，买家浏览的视觉重心是按照图4-20中的箭头移动的，所以前面几个位置的点击率比较高，越靠后，点击率就越低。

当浏览到底部的时候，买家需要翻页，这时视觉重心在左侧，因此左侧的点击率会高于右侧，如图4-21所示。后面的页面也类似，第一页的点击率最高，往后就越低。

因为PC端的展现位置比较多，所以相对来说不同位置的点击率差别不会很大，如果我们需要测图或者测款，可以考虑用PC端的直通车来测试，这样操作的时候受到位置影响会比较小，缺点则是测试的周期会变长。

图4-20　PC端买家浏览路径

图4-21　PC端底部买家浏览路径

4.9 竞争环境

　　同样的图片，放在不一样的环境，其点击率会相差很多。有时候其实并不是图片不好，只是放置环境不好，也许换个环境其点击率就能提升很多。

　　比如图4-22中的白底的巧克力的图片，单独拿出来也许很难确定它的点击率会好，但是放到竞争环境中去看，它的简洁和干净让买家一眼就可以看到它，这样它的展现目的也就达到了。

图4-22　竞争环境中的同类产品

　　哪些因素会决定产品的竞争环境呢？上面讲到的图片本身是一个方面，另一方面则是主推关键词。比如关于高跟女鞋和真皮女鞋，我们来看一下两者的搜索结果，如图4-23、图4-24所示。

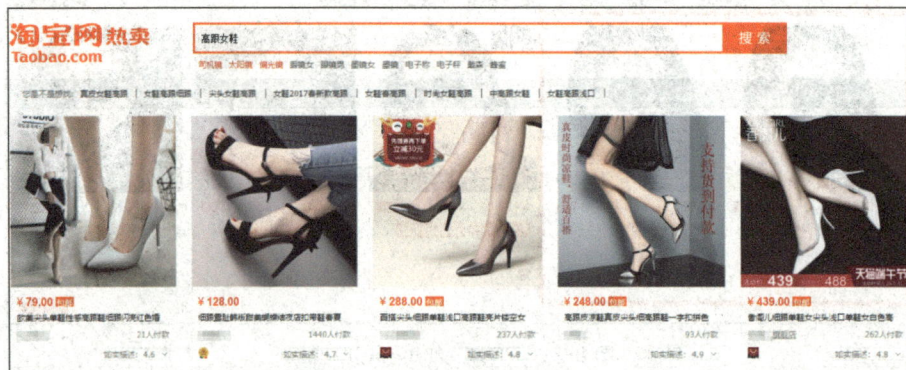

图4-23　高跟女鞋搜索结果

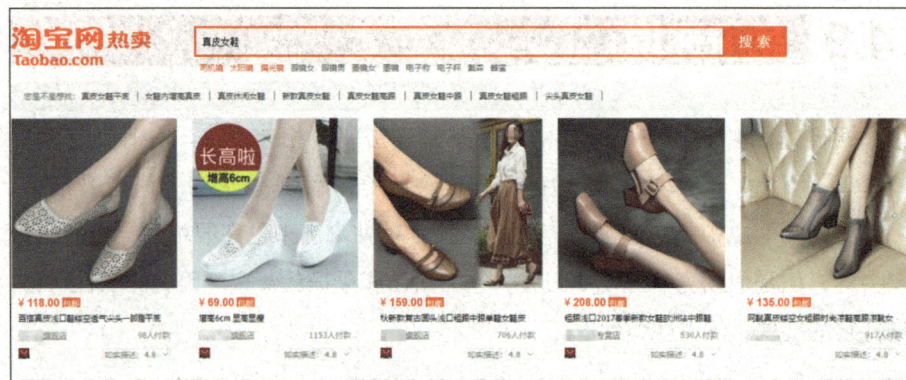

图4-24　真皮女鞋搜索结果

　　假如商家推广的是"高跟女鞋"这一关键词，但用的是"真皮女鞋"的推广图，这时图片的点击率可想而知——再好的图片可能买家也不会点击，因为搜索"高跟女鞋"的买家想看到的是高跟女鞋，而不是真皮女鞋。

　　通过上面10个维度的讲解，笔者期望你能更好地理解影响直通车点击率的因素。直通车的推广离不开点击率，要优化点击率，不妨从这些方面着手。关键词、创意、人群、地域，这些是商家应优先考虑的，当优化好这些以后，可能会遇到瓶颈，这时可以再细致地去优化其他维度的数据，从而让产品点击率更上一层楼。

第五章

直通车创意的设计和优化

创意图片是影响点击率最为重要的因素，我们日常在做直通车点击率的时候，往往先去做图片。但是很多时候我们发现无论怎么努力去做图片，点击率都上不去。这时候，一些刷点击的软件和平台出现了，很多商家开始自己给自己刷点击，但"刷"只是一种手段，并不能从本质上解决上述问题——在短期用以提高权重可能有效，但是对点击扣费和搜索流量都没有帮助，尤其是在千人千面下，刷得不好反而会给店铺刷出问题。

5.1 直通车车图设计

很多商家都期盼自己能够拥有一张"神图"，用以轻松搞定直通车。但是大部分商家可能跟笔者一样，美工功底不好，没有经过专业的培训和学习，那么我们怎么样才能在现有的基础上尽可能设计出点击率更好的车图呢？

首先我们要学会借力，即学会去模仿别人，吸收同行的一些优秀的创意。现在社会倡导要"大众创业，万众创新"，但创新的成本其实是很高的，我们这个社会现在真正创新的机会越来越少了，所有我们可以涉及的行业里面，都有很多人已经做得非常优秀了。那么对于我们来说最佳的创新方案就是"微创新"。"微创新"就是站在别人的基础上去寻求改善、优化，这样能够更快地获取到我们想要的结果。"微创新"不等同于抄袭或者盗图，有一本书叫作《腾讯传》，讲了腾讯的发展历史，腾讯是一家技术型公司，但是其很多项目与别的公司的模型类似，优化更新之后成为了腾讯自己的产品，比如QQ，就是在QICQ的基础上开发出来的。如果我们想做得更好，一定要学会站在别人的肩膀上去眺望远方！

我们回过来分析如何去参考同行的设计和创意，做成自己的创意图片。

在PC端我们搜索一个产品关键词，比如"太阳镜女"，然后点击右侧的"掌柜热卖"，如图5-1所示。

点击之后，我们可以看到所有的直通车推广的宝贝都在这个页面上，如图5-2所示。我们可以通过"掌柜热卖"这个页面去分析这里所有的推广图的特点，然后设计自己的创意图片。

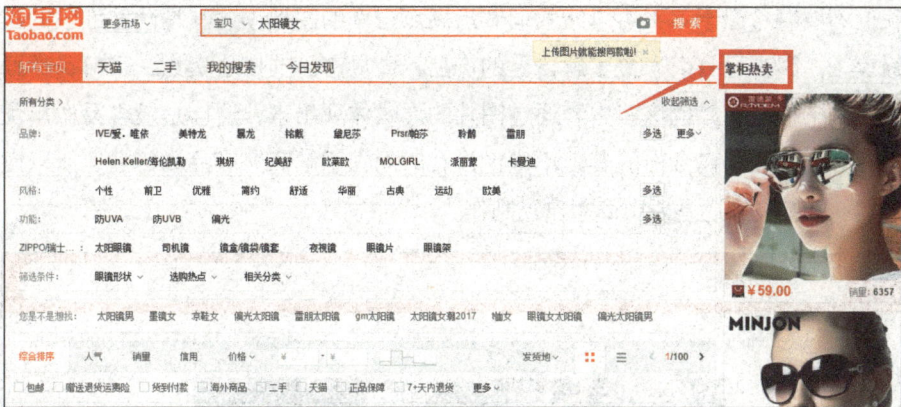

图5-1 PC端"掌柜热卖"入口

图5-2 "掌柜热卖"页面

在移动端同样也有这样的页面，如图5-3所示。现在有一些商家可能只做移动端的推广，不做PC端推广，以致我们在PC端很难看到好的推广图片。

通过同行的这些页面我们可以去分析并找到行业中做得比较好的一些推广创意图。一般来说，在推广页面的前几位的推广图片的点击率都不会差，因为如果前几位的点击率不好，其直通车账户权重就不会很高，点击扣费就下不来。长时间占据推广前几个位置的商家，如果扣费很高，他们也很难接受。所以我们可以简单地判定，前几位的图片的点击率应该都不错。当然，借助"黑车"的操作方法的宝贝就要排除在外了。

除了参考同行的宝贝之外，商家自己也要有一些设计思路，如果自己能够完成PS的设计是最好的；如果自己不能够完成，一定要给美工提供设计方案。

我们不要寄希望于美工可以给我们做出高点击率的图片，尤其是一些外包的初级美工。因为只有商家最了解自己的产品，懂得产品的核心卖点，了解目标顾客人群的痛点，并把这些内容通过图片的形式体现出来，这样是最容易做出优秀图片的；而外包合作的美工不懂也没有时间去了解商家产品和行业，所以设计稿、营销文案还是要由商家自己制作。

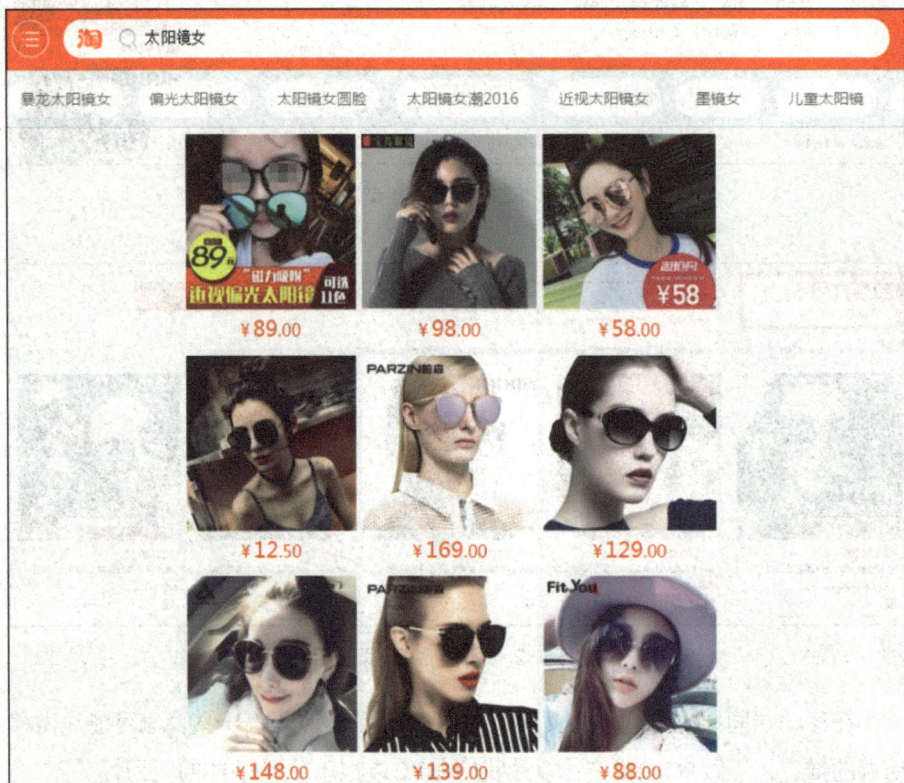

图5-3　移动端车图汇总

我们在做创意图片的设计时要把握几个核心点。

1. 一定要考虑如何做到差异化

"差异化"不仅仅是我们设计车图，现在可以说是使淘宝店铺快速赢利的核心，从选品到页面装修，再到主图车图设计，我们都要做到差异化。分析差异化的时候，我们要从竞争环境着手。

如图5-4所示的案例，搜索"巧克力"这一关键词之后，可看到5张推广图，第2张非常简洁，让人一眼就能看到。这张图片从底色和文案上做了差异化的设计。

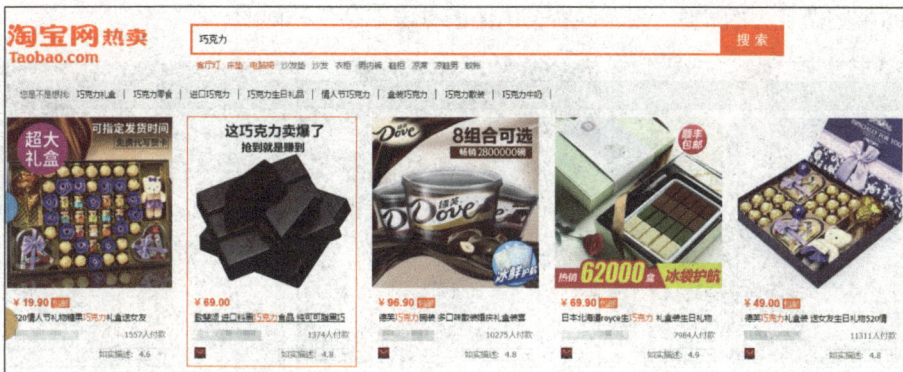

图5-4　巧克力直通车推广图

2. 背景色

关于底色，我们要去分析同行一般都会用什么样的底色，如果大家都在用同样的底色，我们就要考虑做不同的底色了。

如图5-5所示的案例，通过搜索"手表男"后显示的推广图我们可以看到，有些商家用的底色是白色，有些商家用的是黑色。

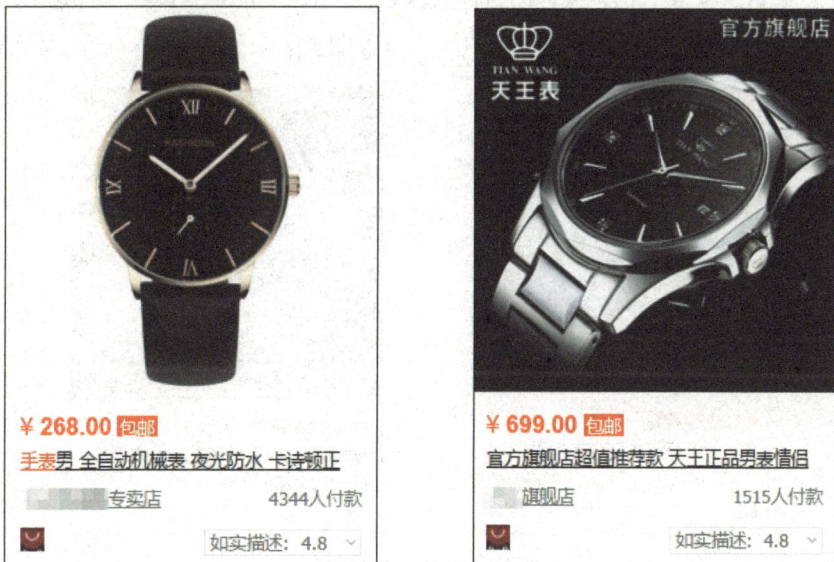

图5-5　直通车图背景色

再看图5-6所示的3张连衣裙的图片，我们对比一下其背景：第1张图片的背景是摄影工作室的背景墙，第2张图片的背景是酒店，第3张图片是美工通过

PS抠图做上去的。这3张不同背景的图的点击率是不一样的。

图5-6　连衣裙的拍摄背景

　　有些商家可能会疑惑到底要选择什么样的背景。做出差异化是需要考虑的其中一个因素，另外我们也可以根据自己的目标人群去考虑其喜欢的场景。

　　比如做少女连衣裙，我们的目标人群是18～24岁的学生，那么背景可以选择她们喜欢场景。比如图5-7所示的两个背景图：一个是大草坪，一个是铁轨。

图5-7　少女装拍摄背景

　　假设我们现在做的产品是针对白领的连衣裙，因为目标人群是白领，我们就可以选择一些办公场景或者高档餐馆之类的场景图作为背景图，如图5-8所示。

图5-8　白领套裙拍摄背景

商家可以按照这样的思路去分析自己的目标人群，然后结合目标人群去设计背景图。要注意的是，背景色一定要能够突出产品自身的特点，图5-9所示的背景色和产品颜色太接近了，会导致产品主体不够突出。

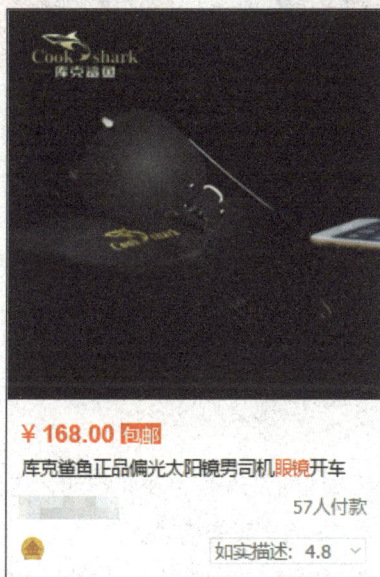

图5-9　背景色要能够突出产品

3. 文案

文案的内容在于精，而不在于多。一张图片里的文案内容不适合太多，一般不要超过10个字，不要超过版面的1/4。

图5-10所示是路由器的推广图片，图上文字特别多，买家在浏览的过程中，在每张图片的停留时间基本上是1～2秒，在那么短的时间里，买家能看到多少信息呢？尤其是第2张图片中的3行小字，如图5-11所示，基本上买家是看不到的。而且文字占用的面积太大了，导致展现产品的面积就小了。在设计文案的时候，我们要分析产品的核心卖点是什么，只要把产品核心卖点放到图片上就可以了，一些辅助性的卖点就不要放上去了。对产品有需求的买家会因为其核心卖点而点击进入你的店铺，因此辅助卖点交给其他几张主图去表达就可以了。

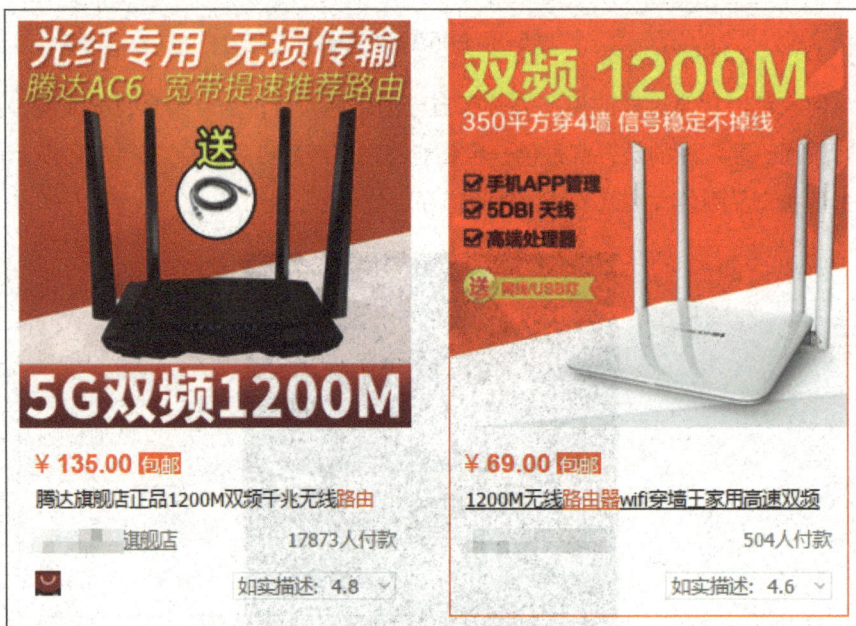

图5-10　文案对比

如图5-12所示，文案表达的是这款手表非常薄，这样这款手表的核心卖点就体现出来了，并不需要过多的文案去描述。

关于"牛皮癣"——很多商家都会纠结自己的图片要不要放"牛皮癣"，"牛皮癣"从搜索引擎系统来说，会导致图片在搜索的时候被降权；但是如果"牛皮癣"本身对于增加点击量有辅助作用就可以放，因为点击率的提升能够给产品加权。所以如果贸然说"牛皮癣"不好、不能用，就有些武断。另外，每个

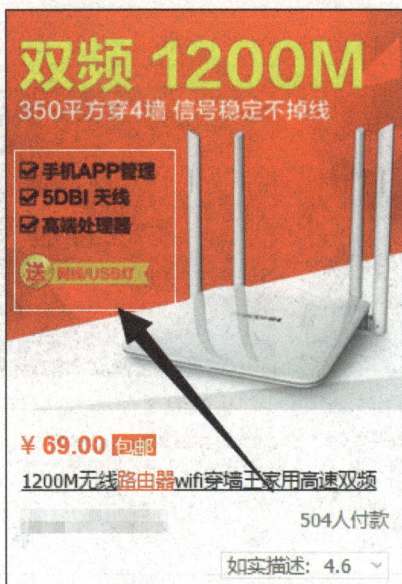

图5-11　文案信息过多

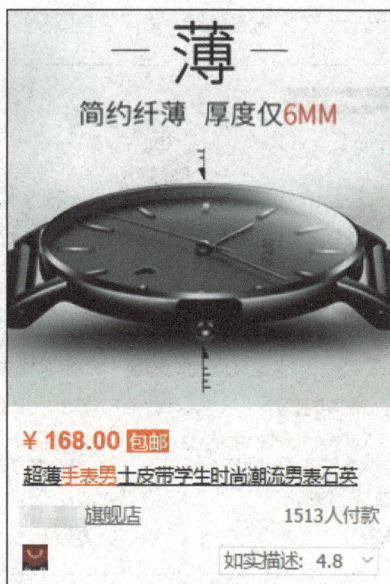

图5-12　抓住核心卖点的文案

产品类目对"牛皮癣"的打击力度是不同的，比如数码类目，很多商家用的图片都是"牛皮癣"，如图5-13所示。

图5-13　数码类目"牛皮癣"

我们对比一下数码类目和家纺类目的"牛皮癣"情况，可以发现这两个类目的区别还是比较大的，如图5-14所示。

因此，商家可以根据自己产品所在的类目的情况来决定是否使用"牛皮癣"。一般来说越是标品，"牛皮癣"用得越多。

图5-14　家纺类目主图要求干净

4. 满足买家的兴趣点

当卖家卖的产品和买家搜索的需求吻合时，点击率最好，转化率也会很高。我们搜一下"高跟女鞋"，看看其推广车图，如图5-15所示。

图5-15　高跟女鞋推广车图

我们可以看到前面2张图片都有高跟，第3张图片就没有高跟。当买家搜索"高跟女鞋"的时候，感兴趣的点就是高跟，如果没有看到高跟就会过滤掉。所以我们的图片一定要显示出高跟这个卖点。

我们再看一下"软底鞋"的推广车图情况，如图5-16所示。

图5-16　软底鞋推广车图

通过这一组图片的付款信息的对比，我们可以发现买家搜索"软底鞋"的时候会优先点击第一张图片，而且因为与其需求点符合，转化率也会高一些。因为喜欢买硬底鞋的买家已经被过滤掉了。

商家要根据产品的一些卖点以及目标人群的痛点去设计产品图片，要知道买家只会为了产品的价值而下单付费。我们看图5-17：这张图片的核心内容是拍下送4个赠品，但买家会不会因为这些赠品而购买产品呢？对于准妈妈来说，防辐射服本身的效果是她们最为关心的，只有在她们决定购买的时候，赠品才会促进她们下单购物。所以直接把赠品作为一个核心卖点来吸引用户是不合适的。

5. 产品拍摄素材要求

很多卖家都是先拍照片再做设计，这样做的结果是真正需要的素材常常没有，尤其做创意设计的时候，时常没有相关的照片。

我之前有一个学员，他是做四件套床上用品的，做过很多图片，点击率最高的达5%左右，我们在做创意策划的时候，期望能够找一张有模特的图片，类似图5-18这样的。但是他之前拍摄的时候没有这样的素材，以致要单独去补这张图的时候费用比较高。所以刚开始策划爆款的时候，一定要把详情页、主图或者未来车图中可能涉及的所有的场景都考虑拍出来，这样后面做测试图片的时候就会非常容易。

图5-17　买家需求不明确

图5-18　四件套的直通车推广图

比如卖连衣裙的商家一般会去找一些模特来拍摄，在拍模特的时候要记得让摄影师再拍一些摆拍的图片和挂拍的图片。在大的竞争环境中，同行商家都在用模特的时候，我们就可以考虑用静物拍摄，如图5-19所示，这样后期我们通过测试就有可能获取更高的点击率。

男裤类目的创意图是最难去做创意的，即使找模特拍，最终的效果看起来也都差不多，如图5-20所示，所以最后大家只能在文案上面下功夫，如图5-21所示。

有一段时间太多商家在用"买一送一"的文案，如图5-21所示，淘宝为此还做了一次整顿。针对这样的品类笔者建议商家一定要从素材准备的时候就多考虑后期的车图创意。

¥ 148.00 包邮
时尚v领中长款收腰碎花桑蚕丝真丝连衣裙
61人付款
如实描述：4.4

¥ 99.00 包邮
泰国潮牌朋克风重工亮片铆钉网纱连衣裙
240人付款
如实描述：4.7

图5-19　连衣裙静拍

¥ 23.90 包邮
春秋季中年男士休闲裤春款男裤
558人付款
如实描述：4.7

图5-20　西裤的直通车图1

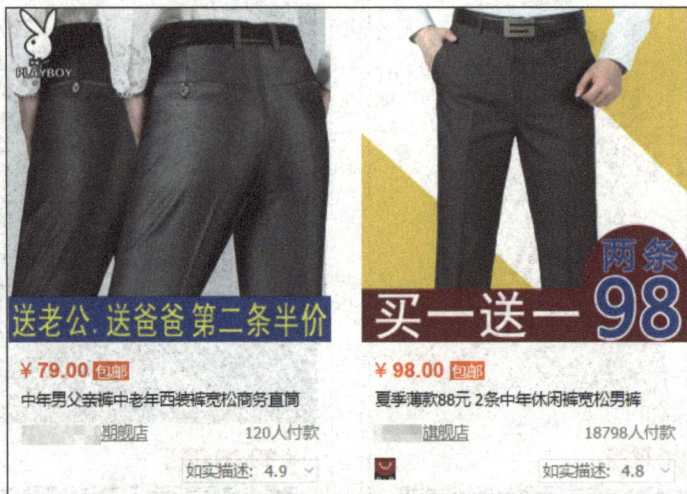

图5-21　西裤的直通车图2

图5-22　眼镜的细节拍摄图

6. 产品细节和整体之间的处理

在选择推广图片的时候，不一定非要选择产品的全局图片，有的时候可以考虑用一些细节图片，因为细节图片有的时候更能够吸引买家的点击欲望。

我们看一下图5-22，商家用了一个镜腿的局部照片来体现出这个产品的材质。

7. 奇葩的创意图片

除了上面我们介绍的一些图片处理设计的思路之外，在日常推广的时候，我们经常会看到很多奇葩的图片，如图5-23所示。

奇葩的图片的设计核心是猎奇，满足买家的好奇心。奇葩图的点击率往往很高，有助于卖家拉高其直通车权重。这样的图片有很多，卖家在平常应多看推广图，看到好的图片多收集起来，慢慢就会形成一个属于自己的素材库了。

优秀的创意都来自普通的商家，所以要做出好的图片就一定要多看——多看同行的图片，多看其他行业商家的车图。

图 5-23　奇葩的创意车图

5.2 创意图片测试

任何的创意设计好了之后，一定要经过创意测试之后才可以大胆地去用。笔者到现在为止还没有遇到其做出来的图片100%就是高点击率的人。可能会有这样的人存在，但是对于普通商家来说，很少能够做到。所以任何一张图片设计完之后都要放到直通车的后台去做测试，根据数据反馈出来的情况去判断最终要不要使用这张图片。

关于直通车的创意测试平台，我们可以选择PC端，也可以选择移动端。

在PC端做测试的好处在于：

（1）目前大部分类目PC端的竞争度没有移动端那么大，所以其点击扣费也相对便宜一些；

（2）更为重要的是PC端的位置相对来说更稳定一些，点击率受位置影响会比较小，测图的数据会更加准确。

当然在PC端做测试也有不好的地方，就是测图的速度会比较慢，因为PC端的流量比较小。

移动端测图的好处在于测试的速度比较快；不好的地方则是测试的成本较高，同时测试过程中受到的干扰因素比较多。测试时间变短，测试位置

115

的波动，以及测试过程受到系统千人千面的影响，都会导致数据出现偏差。

总的来说，在PC端和移动端做测试各有优劣势，商家可以根据自己的情况去选择。这两个测试平台平常笔者都会用且移动端用得多一些，毕竟时间还是很重要的。

创意测试的方法有两种，一种方法是新开一个计划专门做图片测试，还有一种方法是在现有的计划基础上做图片测试。如果你的账户有创意实验室（淘宝目前只对部分商家开发的一个测试入口），那么测图相对来说就会容易一些。

先说第一种方法，如果我们单独开一个计划来做创意测试，操作步骤为：先选择5～10个精准的二级关键词，地域可以全开，以保证足够多的展现量；在创意中添加2～4个创意，创意数量可以根据你自己要测试的图片的量来决定；然后把流量分配的模式修改为轮播，这样让每个创意都可以获取到展现。通过一定数据量的积累，我们就可以看出来哪个创意比较好，并留下最好的那个创意，把不好的创意删除，再继续添加新的创意进去做数据的跟踪对比。如此循环地做对比测试，不断地提升图片点击率。最近我们开发了一款御佳直通车提权软件，在这款软件中，我们添加了数据的实时跟踪和分析功能，这些功能目前来说市场上就御佳才有，这个功能可以非常好地配合商家去做测图数据分析。

第二种方法是在现有的推广计划中加入一个新的创意做测试。一般来说，我们主推的计划中用的主推创意只有一个，剩下的附推的创意可以帮助我们做图片测试的工作。原理跟上面说的方法是类似的，这时关键词和地域我们都不用动，只需利用现有的展现量来测试新的图片。这种方法比较省力，不需要再多做一个计划来测试数据；但是不好的地方在于测试结果会影响到主推计划，所以对数据控制的要求相对说会高一些。

至于商家应使用哪种方法，选择哪个平台，并没有统一的规定。直通车推广是没有很统一的规章的，很多东西可能都要靠自己去摸索，找到适合自己的方式。正如我们开车一样，有些人喜欢开越野车，有些人喜欢开轿车，但最终目的是相同的，只是体验不同而已。

第六章

直通车人群标签的优化

很多商家发现，如今"开车"已经很难获取到展现量了，有的时候即使出很高的价格也没法获取到展现量。很多商家对此有点无从下手，原本以为自己会"开车"，但系统升级之后发现自己不会了。这里面起到关键作用的是千人千面，因为个性化的影响，导致商家获取不到人群权重，仅有的关键词权重不能够获取到更多优质的流量了。以后"开车"时，忽视人群标签就会导致直通车越开越容易迷失方向。在这一章笔者将介绍千人千面的现象以及直通车优化的落地方法。

6.1 直通车千人千面

笔者不止一次地打电话问过阿里妈妈的客服关于直通车千人千面的问题，他们都否认直通车有千人千面的情况。2014年，直通车系统做过一次千人千面，但是仅仅上线1个多月就下线了。系统发现使用了千人千面之后，付费推广的效果受到了很大的影响，商家的付费推广效果也不好。任何的测试结果如果导致阿里妈妈的平台收益变差，都会让系统考虑取消所做的测试。

现在系统把千人千面的行为解释为"被动"千人千面，这样和过去做的主动千人千面或者自然搜索千人千面之间存在一定的区别。

我们先来看搜索的千人千面，两个人同时搜索一个关键词，搜索得到的结果是不同的，如图6-1所示。

这两个对比图是笔者用两台不同的手机在同一个IP下的搜索结果，我们可以看到两个手机显示的产品价格区间是不同的，产品也不同。在不同IP下不同的账号浏览的历史记录差别会更大。很多人都有过这样的体验。

从买家的角度来理解，现在很多优质的顾客都在抱怨在淘宝平台购物的时候，耗费的时间成本越来越高，这是平台发展大了之后的一个弊端。这会导致一部分优质的顾客流失到像唯品会这样的平台。另外，当移动互联网真正到来后，我们发现移动设备的屏幕变小了，展示位置变少了，但是商家还是那么多，所以如果还是按照原来的流量去分配就不行了。这时候系统不得不按照人群标签来匹配流量。

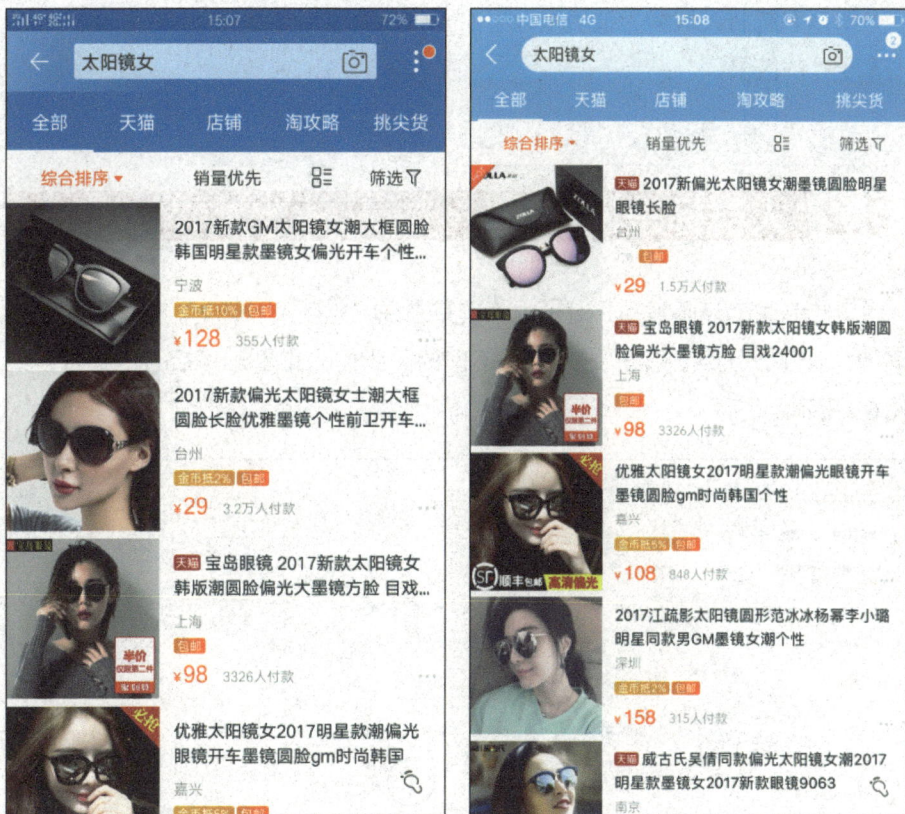

图6-1　两台不同的手机搜索结果不同

　　这就是搜索要去做千人千面的原因，其逻辑结构是系统对流量进行切割，将不同的人群匹配到不同的产品。

　　但是直通车现在在设计的时候又会有一些不同——直通车会按照一些简单的维度来划分流量，因为它的人群细分的维度还没有那么多，它把这些流量先分开，比如按"性别""年龄""消费层级"做完简单的分割之后，再打包起来出售；而卖家可以选择购买一些跟自己产品匹配的流量包。

　　比如某商家要推广一个关键词——"太阳镜女"，他买了"女性""18 ～ 24岁"这个人群标签的流量，出价到首屏的位置。那么有这个标签的账号就可以看到该商家的产品排在前面，没有这个标签的买家就看不到该商家的产品。

　　每个商家选择的人群不同、出价不同，会导致其产品的排名出现很大的区别。这就出现了千人千面的情况。

所以系统将其解释为被动千人千面——因为这不是系统干预的结果，而是商家干预的结果。

6.2 人群标签设置

无论是主动还是被动，对于中小卖家来说，感受是一样的。具体落实到不同的操作手法上面，操作的方案是不同的。我们先来看一下后台的标签，如图6-2所示。

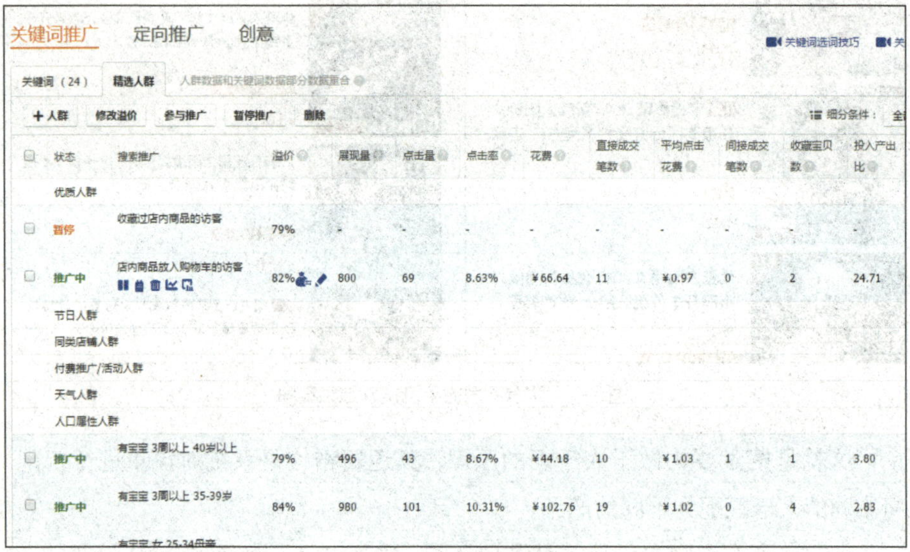

图6-2　直通车人群数据

在每个推广单元下面都有一个"精选人群"的标签，但有一些对直通车不太懂的商家，到开直通车时还是没有把这个功能利用起来，其实现在如果直通车不开这个人群标签，就算我们把关键词的分数做得再高，也很难获取到精准的流量。

点击"+人群"这个标签的时候，我们可以看到系统提供了很多可供选择的人群选项：优质人群、节日人群、同类店铺人群、付费推广/活动人群、天气人群、人口属性人群，如图6-3所示。

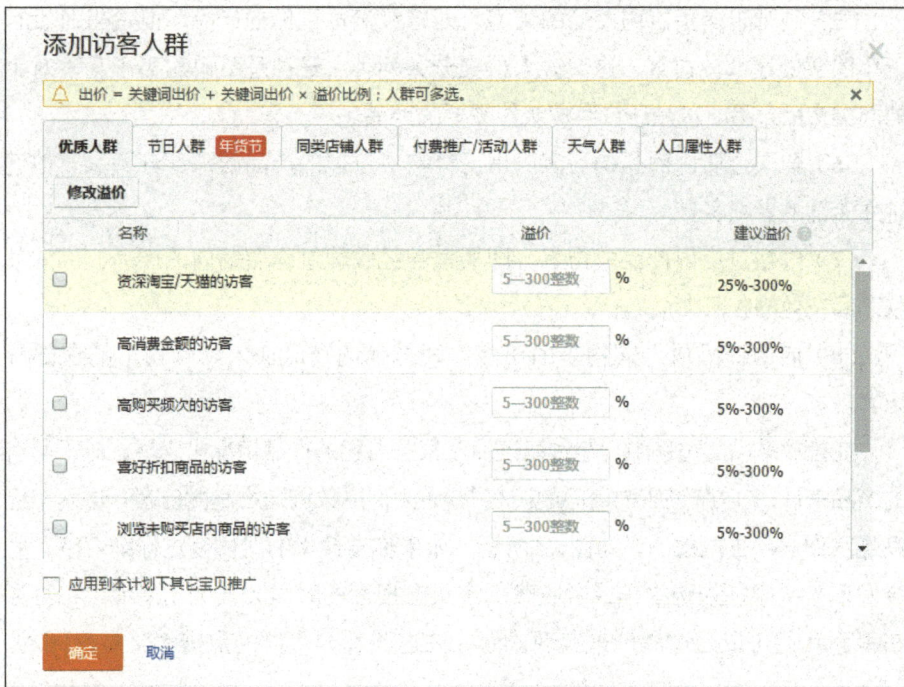

图6-3　添加人群

6.2.1　优质人群

在"优质人群"中，我们可以选择的标签有下面这些。

（1）资深淘宝/天猫的访客。即在淘宝/天猫平台上信用等级比较高、购物频次较高的买家。

（2）高消费金额的访客。即在淘宝/天猫平台上月消费金额比较高的买家，其消费能力比较强。

（3）高购买频次的访客。指在淘宝/天猫平台上每个月购买的次数比较多的买家，购买次数和消费能力不成比例，可能买家购买次数很多，但是买的产品都是低价——现在有很多淘客推广的白菜群或者一些刷单号，每个月都会购买很多低价的产品订单。

（4）喜好折扣商品的访客。即在淘宝/天猫平台喜欢购买活动产品如打折的产品，尤其是低折扣产品的这部分人群。

（5）浏览未购买店内商品的访客。即曾经浏览过你的产品，但是当时没有下单购买的这部分访客。这部分人群又分为两种：一种是下单购买了竞争对手的同类产品，另一种是还没有购买他需要的产品。

（6）购买过店内商品的访客。指已经购买过你的产品的那部分买家，他们是你店铺的老顾客。

（7）收藏过店内商品的访客。即买家曾经收藏过你店铺内的产品，你的某款产品在他的收藏夹里。

（8）店内商品放入购物车的访客。即把你的产品加入到购物车的这部分访客。

在投放产品的过程中，笔者建议商家根据自己的产品情况去选择，对于所有的产品来说，"收藏过店内商品的访客""店内商品放入购物车的访客"这两个标签是我们需要去投放的，如图6-4所示。如果你做搜索的时候有过仔细观察，就会发现被买家加入购物车或者收藏的宝贝在搜索的时候会被优先展现，在直通车里面我们可以通过溢价来实现，而往往这一部分人群的点击率又是最高的。

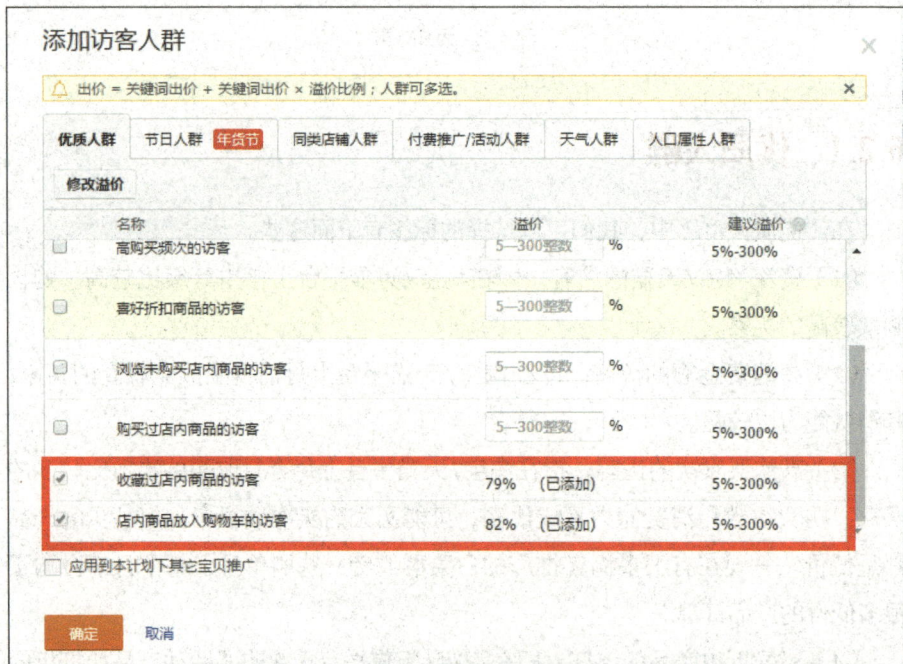

图6-4　加购和收藏的人群溢价

上述是我们在实际操作过程中对"优质人群"溢价的一种做法。经过测试之后最后留下的也是这两个标签，如图6-5所示。

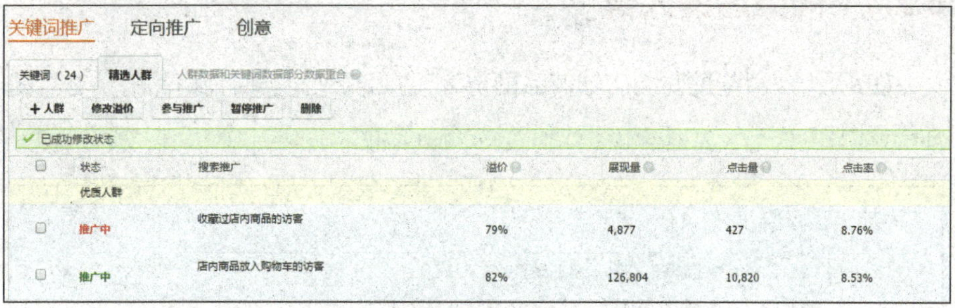

图6-5　实测数据

这两部分人群的点击率都会比行业点击率要高很多。

6.2.2　节日人群

在后台我们可以看到如图6-6所示的节日人群标签，节日人群标签主要是针对平台的大型活动来设计的。我们需要结合自己的活动商品以及产品特点去做溢价设计。这些人群标签在日常投放的过程中用到的不多，只有在活动节点的时候会去使用。如果你的店铺内部有设置一些优惠券和红包，你可以结合图6-6中的其中一个人群标签配合直通车一起来操作。

购买双11狂欢同类预售商品的访客 预售

加购收藏双11狂欢同类商品的访客 预热

领用双11购物券的访客 预热 爆发

双11狂欢未成交访客 余热

领用618购物券的访客

领用年货节红包的访客

领用店铺优惠券和店铺红包的访客

图6-6　节日人群标签

直通车是店铺运营的一个工具，所以直通车运营的最终目的是配合店铺运营，而不是单打独斗。

6.2.3　同类店铺人群

图6-7为"浏览过同类店铺商品的访客""购买过同类店铺商品的访客"的
标签截图。

图6-7　同类店铺人群

比如我们在推广一个高复购率的产品的时候，可以投放"购买过同类店铺
商品的访客"这个标签，因为我们可以确定这一类人群是这个产品的用户，只
是其会选择在哪里购买，如果我们的产品性价比高，产品卖点有吸引力，我们
就有可能把别人的用户转化成为自己的用户。

所有的买家人群可以分为两类：一类人在购买时喜欢集中在一家店铺购买，
直到他发现某一个点自己不能接受的时候才会考虑更换一家店铺；另一类人喜
欢尝试新的产品，常认为出现的第二家店铺可能品质会更好或者服务会更好。

另外，如果我们推广一些客单价比较高的产品，或者买家需要很长时间来决策是否购买的产品，就可以开启第一个人群即"浏览过同类店铺商品的访客"来做投放。假设我们现在做的是家具，买家在选择购买家具的时候一般会先浏览其收藏产品，对比很多家之后再选择购买，所以我们通过这个标签人群可以找到目标顾客。

在操作的时候可以对不同的人群做溢价，然后根据数据反馈的结果来确定是否要对这类人群做投放。

6.2.4 付费推广/活动人群

图6-8为"观看店铺直播视频的访客""浏览过智钻推广的访客"的标签截图。

图6-8 付费推广/活动人群

这两个标签需要其他资源的配合，如果现在店铺在做直播，或者在做钻展，可以结合在一起用。

如果商家日常在做钻展运营，那么可以对这一类人群做溢价，钻展的标签会更多，目标人群会更精准。所以将直通车和钻展结合起来做人群标签是一个不错的选择。

我们钻展投放的流量，如果点击了广告，其足迹（买家浏览的轨迹）中就会留下该产品，所以该产品下次被搜索的时候无论在搜索入口还是直通车的推广入口，其排名都会比较靠前。因此如果你的产品适合做钻展，可以将直通车和钻展结合在一起操作，这比你单独做钻展的效果要好。

6.2.5 天气人群

图6-9为"天气人群"的标签截图。在"天气人群"中，有很多天气属性的标签，商家可以针对不同的天气属性做推广。这个标签非常适合一些跟天气紧密相关的产品。比如太阳镜这个产品跟天气的相关性就比较大，天气好的时候其销量会好很多，天气不好时销量则会下降很多，属于看天吃饭。如果你的产品也是这样的，那么这部分标签就值得你花时间去测试和利用。

图6-9 天气人群

在做标签设置的时候，我们要先建立一级标签，比如"温度"，包括"极寒""寒冷""冷""凉爽""舒适""炎热""高温"。我们要结合自己产品的情况去独立设置"炎热""高温"这样的标签，然后通过观察数据去分析用户。

6.2.6　人口属性人群

图6-10所示为"人口属性人群"的标签截图。这个标签涉及组合标签的问题，其细分标签也是最多的，每个子类目下的人口属性的内容也不同。比如女装类目下会有风格属性的标签，母婴产品下会有宝宝年龄的标签，在标签利用方面的思路是一样的。

图6-10　人口属性人群

在人口属性人群下面有一个覆盖人群数量，用以预估我们所选择的标签覆盖到了多少人，比如在图6-11中，笔者选择了"女""25～29岁"这两个标签，覆盖到了1 350个人，这个数据是一个预估的数据，是有误差的，实际并不只有这么些人可以看到我们的广告。但是这个数据会告诉你整个账户的人群权重值，当你权重值越高，你能覆盖到的人群权重也就越高。

图6-11　人口属性覆盖的人数

以上便是"精选人群"下的每个标签中我们可以操作的内容。在实际操作过程中，商家用得最多的是"人口属性""加购物""加收藏"这些标签的投放，此外根据自己的情况还可以考虑"钻展""同行店铺"的投放。最终你要留下哪一个标签，需要投放到哪一类的人群，起到决定作用的是最后的数据反馈结果，而不是拍脑袋来决定。

　　另外，在做标签设置的时候不要偷懒，我们对比一下图6-12所示的这两个标签名字，一个是让人一目了然地看到标签对应的人群是哪些，另一个则让人不知道他投放了哪些人群。所以在做标签名字的时候商家要根据选择的标签认真地写清楚目标人群特点，方便自己后期做数据分析。

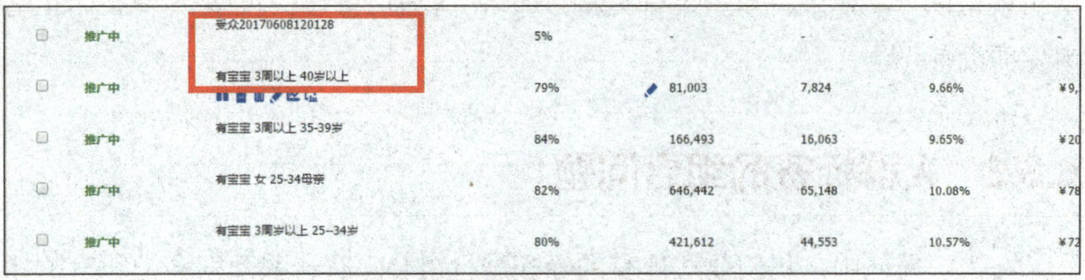

图6-12　每次添加标签写好名字

6.3　人群优化

6.3.1　溢价的问题

　　关于人群标签的优化，之前有业内人士提出这样一种观点：低出价，高溢价。其操作方法是：降低关键词的出价，然后拉高人群的溢价，比如用300%来做人群的权重。这个方法在行业里传播了1～2个月，但是我们一开始就表示怀疑，觉得这样操作是有问题的。

　　首先在做人群标签的时候，我们要考虑关键词权重，如果关键词权重没有积累，仅仅依靠人群权重是没有办法获取到展现位置的。比如我们投放了"太阳镜女"这个关键词，我们首先要考虑的是怎么拿到这个词背后的流量，然后考虑要获取到哪部分流量。这就是人群流量获取的整个流程。

　　如果按照上面低出价、高溢价的方法来操作，我们很难在第一步的时候获取到流量。另外，如果我们开了广泛匹配，那么我们获取到的流量是系统匹配以后的劣质流量，会导致我们的点击率或者转化率很差。

　　所以做人群优化的前提是要保证我们所选择的关键词是足够精准的，然后

129

通过对关键词的出价去获取关键词的展现和点击，这样我们就有了获取这个关键词背后流量的资格，再去考虑在这个蛋糕上如何去切割我们需要的精准流量。

可能有些商家会问：究竟需要多少溢价呢？笔者一般建议做30% ～ 50%的溢价就可以了。如果后期系统有更新，那么可能需要调整，但是到现在为止笔者觉得没有问题。

6.3.2　人群标签的组合问题

在人口属性中，我们要对现有的标签进行组合。有一些商家会把所有的标签组合在一起，然后去测试数据，这样测试出来的结果可能是不准的。

比如有一个买家账号A，她的标签是"女""18 ～ 24岁""月消费额度550 ～ 749元"，你在推广一个产品B时选择的推广标签是"女""女，18 ～ 24岁""女，18 ～ 24岁，月消费能力550 ～ 749元"，现在账号A点击了产品B，这时你觉得这个点击率会出现在哪里？在"女"这个标签下面会增加一次点击呢，还是在"女，18 ～ 24岁"下会增加了一次点击？

这时我们就要考虑系统如何分配的问题了，系统会优先给溢价高的那个标签分配点击量。如果"女"这个标签溢价100%，"女，18 ～ 24岁"这个标签溢价50%，这个时候系统会把这个点击计算到"女"上面，这样和我们实际要获取的精准人群就不太相符了。

所以在做人群标签测试的时候需要按照等级来做，我们要按"一级标签""二级标签""三级标签"来区分。上述案例中"女"这个标签就是一级标签，"女，18 ～ 24岁"就是二级标签，"女，18 ～ 24岁，月消费能力550 ～ 749元"是三级标签。我们在做标签测试的时候要做一级标签的测试。这样就可以确定大方向在哪里，然后做二级标签测试，再做三级标签测试，按照这个逻辑顺序来操作。

要注意的是，在每一级标签的人群溢价的过程中，下一级的标签溢价要高于上一级的标签溢价，这样精准的人群才会落入到你设置的精准的人群标签里。这好比是一个漏斗筛子，如果我们筛出来的东西不是我们想要的，那对于我们来说意义就不大。

还是用上面的案例来解释，比如我们在做"女"这个标签的时候，溢价是20%，那么在做"女,18～24岁"的时候溢价要做到25%，在做"女,18～24岁,月消费能力550～749元"的时候溢价要做到30%。这样每个人群都有可能获取到正确的数据，方便我们在后面做筛选的时候使用。

最后总结一下，人群是未来直通车运营的大的方向和趋势，笔者在第五章阐述了人群的来源，所以我们要把人群作为直通车优化的一个重点来操作。现在的直通车操作不仅仅是围绕关键词来操作，笔者个人预测，未来直通车后台给商家的人群标签会越来越多。不过我们只有先玩转这个基础，才能够在未来更好地去运用人群标签做广告的投放。

第七章

直通车权重体系

2016年是黑技术最为疯狂的一年，以"三黑"技术（"黑车""黑搜""黑钻"）为代表的各种黑技术在圈子里疯狂地流传。很多机构通过培训和销售各种黑技术赚得盆满钵盈。但是商家呢？在2016年真正通过黑技术赚到钱的商家很少，大部分商家都感觉精疲力尽，结果并没有赚到钱。黑技术只是一种利用系统规则漏洞的营销方法，它不是长久之计。这一章笔者将解析这些内容，期望能够帮助商家更好地去理解直通车系统的各种权重维度，这才是笔者认为最为根本的东西。

7.1 什么是"黑车"

从搜索排名的规则方面来说，百度推广和直通车推广之间的最核心区别就是百度推广是按照竞价排名的，价高者得。什么样的产品能够出得起高额的广告费呢？答案是高利润的产品。这就会让百度的推广信息出现问题。

而在直通车系统中，决定产品排名的，是商家的出价和质量分，并不是价高者得。你出价最高到99元，淘宝也未必会给你展现的机会。所以我们需要花更多的时间去研究，哪些维度因素会影响我们的质量分，以及如何去提高自己的质量分。常规的方法笔者在前文已经讲过了。如果还有疑问的笔者建议你再翻回去多看几次。

很多商家经常会问笔者："黑车"还能玩吗？"黑车"肯定一直会存在。首先"黑车"的存在是有利于提高阿里妈妈的收入的。在整个推广过程中，阿里妈妈的需求肯定是获得更多的收入，那么它就需要考虑在商家成本和买家体验之间达到一个平衡点。在2015年下半年至2016年上半年，"黑车"太过于疯狂了，所以平台必须要出面来干预和限制"黑车"的发展，再这么无节制地发展下去，开直通车的人会越来越少，这样平台的收入就会受到影响。所以在2016年的下半年，系统不断地升级，做各种维度的测试，最终让所有"黑车"的方法都失效。

那么淘宝是不是真的想灭掉所有的"黑车"呢？

笔者觉得未必，因为"黑车"的存在会拉高平常商家的PPC，这样会增加平台的整体收益。从2015年到现在绝大部分的类目的PPC都增加了10%～30%，有的甚至增加了100%以上。2016年下半年开"白车"的商家发现，即使出价到原来的2倍以上，也未必能够获取到流量。为什么会这样？这要通过直通车的点击扣费来理解：

直通车PPC=下一名的出价×下一名的质量分 / 你的质量分 +0.01

通过这个公式我们现在假设，你的下一名用"黑车"的技术来操作直通车，他的质量分做到了100分，而你的质量分是10分，这样你的点击扣费就会增加很多。

那么在不伤害到大平台的利益、不损害买家的体验的前提下，系统就会允许"黑车"的存在。

另外一个原因，即黑白共生。只要直通车的权重体系存在，"黑车"是没有办法被彻底消除的。

在这个过程中有一个度的问题，即我们不能让"黑色的面积"太大，从而影响到平台整体的形象和收益。另外，本来所有的"黑技术"就为一小部分在研究系统漏洞的人掌握的，而不是像过去那样，任何一个小技巧，都会有机构进行包装、营销后拿出来卖。

因此"黑车"一定是可以继续"开"的，但是其门槛会提高。系统到目前为止并未改变整个算法模型，因为这个代价太大了。在没有办法去阻止"黑车"的时候，系统就会增加商家"开黑车"的成本，也就是提高其操作难度，这样就只有一部分人可以玩"黑车"了。当"黑车"操作成本高于"白车"的时候，就越来越少人会去选择玩"黑车"了。这是笔者认为的系统的监控思路。

7.2 系统的权重维度

直通车的系统有多少个权重维度？你有没有思考过这个问题呢？关键词权重、创意权重、人群权重、宝贝权重、计划权重、账户权重，如果之前你没有了解或者学习过这些内容，那么笔者觉得你还不能算一个合格的"车手"。笔者特意把这部分的内容放在这一小节，是想结合"黑车"，让你知道了解这些维度的重要性。

系统设计的每个维度的考核参数和考核时间是不同的，而且也是经常在调整的。这也是直通车研究最有魅力的一件事情，我们要反复地去猜测，反复地通过数据去测试，找到我们认为最接近的数据。这个数据未必准确，但这不重要，准确与否都不是我们的最终目的，我们的最终目的是找到一个点去达成我们"开车"的目的。

7.2.1 关键词权重

关键词权重的影响因素，我们可以从图7-1中看出来，关键词的质量分是由创意质量、相关性、买家体验这3方面来决定的。

"创意质量"的背后是什么呢？点击率！点击率是直通车核心，永远都绕不过去。这是由平台本质决定的。"相关性"比较容易理解，笔者在前文讲过了。"买家体验"是考核买家点击直通车广告之后的行为。买家会有哪些行为呢？比如"停留时间""浏览深度""转化率""收藏加购率""评价DSR评分"等。

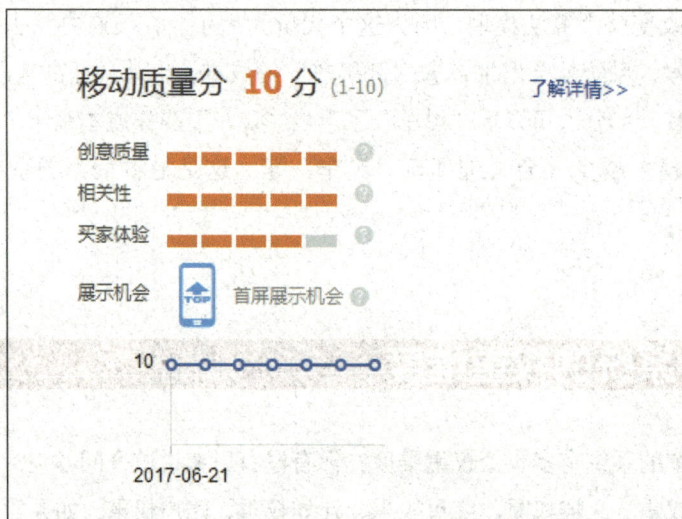

图7-1 质量分的考核维度

知道这些很重要。为什么？因为直通车玩法就是从这里来的。你不知道这些，只能被别人牵着鼻子走。我们先说一个简单的问题——快速上分的问题。有很多人经常问笔者："第一天要做多少点击？第二天要做多少点击？"其实每个类目、每个产品，需要的点击率是不同的，今天做50次点击，明天做100次点击，这样对你的账户是不是真的有提权的作用？未必。任何的方法，只有真正能够落实到你自己的店铺和产品才算有效果。

所以我们要做关键词权重，首先需要保证"相关性"做到没有问题。接下来我们要解决的是点击率的问题。点击率怎么解决？不合规的，自己刷点击，刷自己的直通车。当然，现在要刷的话必须要解决人群的问题。我们又开发了专门的辅助工具，市面上也有一些辅助点击的渠道，成本会有所增加。合规的，找点击率最高的词、点击率最高的省份、点击率最高的人群、点击率最高的图片、点击率最高的时间。这几个问题解决了点击率也就上去了。

当然，我们也可以从"买家体验"的维度入手来做关键词权重，这样也能上分。在操作的时候要注意点击率不要低于行业水平，这样上分快。

再说"黑车"，"黑车"的本质是极致。"极致的点击率，造就极致的PPC"，之前大家都认为点击率做到行业的2～3倍，提权就很快。那么假如我们做到10倍呢？你有没有去测试过？

当我们把数据做到10倍以上的时候，1～2角，甚至5分的PPC就出现了。在2015年下半年到2016年的上半年，很多人玩"黑车"就是玩关键词的权重，做高关键词点击率。

方法和思路很简单，但是那个时候如果你没有想到这个方法，那么你就错过了。这跟买股票一样。现在如果你回过去再这样操作，对不起，你上不了分，严重的话还会被关"小黑屋"。

7.2.2 创意权重

任何一个计划都有4个创意。每个创意都是存在权重的，如图7-2所示，它不同于关键词：对于关键词，我们可以通过关键词质量分，看到每个关键词的权重区别；创意的权重值是我们看不到的。

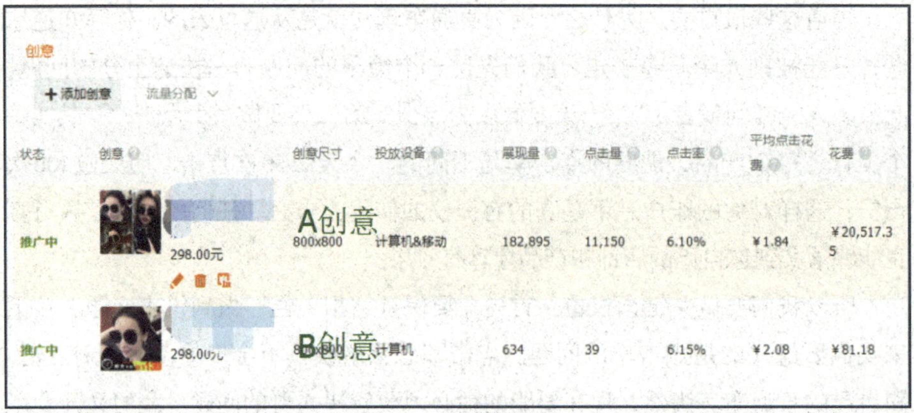

图7-2　创意权重

那么我们如何去判断哪个创意的权重值高呢？我们可以通过创意切换之后关键词的移动首条价格去判断。

我们先用第一个创意（我们称之为A创意），可以看到"太阳镜女"这个关键词的首条价格是3.23元，如图7-3所示。接下来切换一个创意（我们称之为B创意）。切换至B创意之后，我们发现"太阳镜女"移动首条的价格变成了3.07元，如图7-4所示。可见，对于"太阳镜女"这个关键词，B创意的权重值比A创意的权重值要高。你可以再对比几组数据，然后选择创意权重高的来投放。

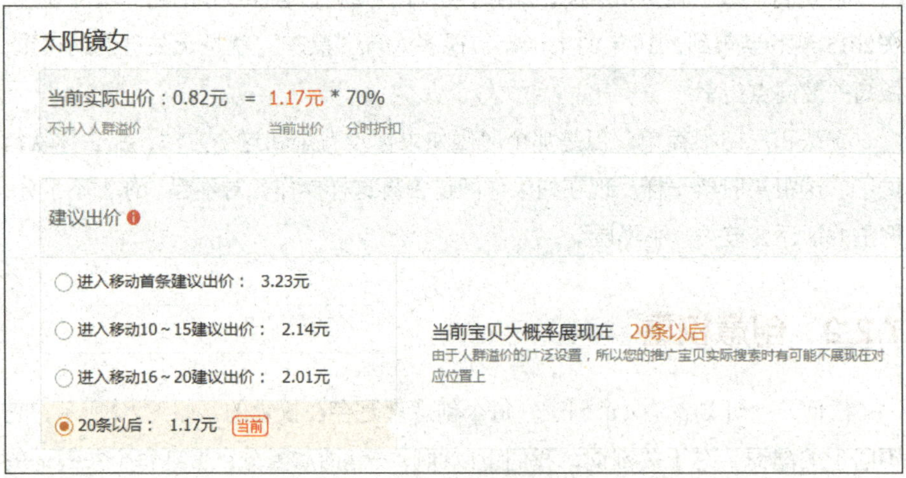

图7-3　A创意对应的关键词首条价格

太阳镜女

当前实际出价：0.82元 ＝ 1.17元 * 70%

不计入人群溢价　　　　当前出价　　分时折扣

建议出价 ❶

○ 进入移动首条建议出价：3.07元

○ 进入移动10～15建议出价：2.04元　　　当前宝贝大概率展现在　20条以后

○ 进入移动16～20建议出价：1.91元　　　由于人群溢价的广泛设置，所以您的推广宝贝实际搜索时有可能不展现在对
　　　　　　　　　　　　　　　　　　　　应位置上

● 20条以后：1.17元　当前

图7-4　B创意对应的关键词首条价格

此外，还有一个参考因素是创意流量分配，流量分配方式有两种：优选和轮播，如图7-5所示。

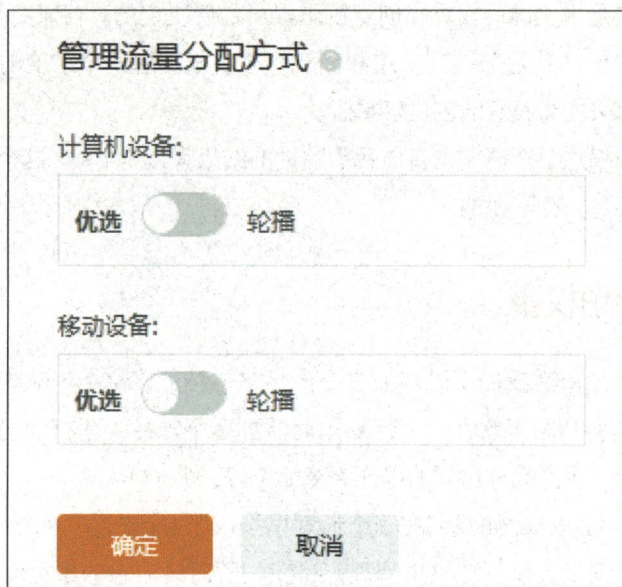

图7-5　流量分配的方式

优选和轮播是有区别的。笔者平常做账户诊断的时候经常会发现很多人开的是轮播。其实开轮播和开优选的权重是不同的：开优选的时候，系统会选择

一个最佳的创意来做投放；在开轮播的时候，系统会根据多个创意权重值的平均来计算。

创意权重更新的周期目前来看还是2天，权重的积累是通过关键词来做到的，PC端的创意权重和移动端的创意权重是单独计算的。

2016年火爆一时的创意轮就是做创意权重，当大家发现关键词权重不好用的时候，创意轮已经开始疯传了。操作过的人应该都知道，操作创意轮很累，但其效果很好。

如今创意轮还有用吗？有用，这是肯定的，但现在点击率不要做太高，太高会触发系统稽查，所以你要去测试一个点——在什么情况下你的点击率不会触发系统稽查，同时还能保证对你快速提权有帮助。这个值也许是30%，也许是20%，也有可能是10%，每个类目不同。

7.2.3　宝贝权重

宝贝权重是由关键词权重和创意权重累积之后决定的。在账户新开的时候，我们最容易去做的就是关键词权重和创意权重。根据这两个维度的数据反馈结果，我们可以去提高我们的宝贝权重值。

关于宝贝权重更新周期，目前我们测试的结果大概是2天。这个周期应该会有变化，并不是一直不变的。

7.2.4　计划权重

在一个计划里面我们可以添加多个产品来做推广，每个产品都有属于自己的权重值。有些商家喜欢在一个计划里面添加多个产品，还有一些商家喜欢在一个计划里做一个产品。这样的操作究竟哪个好，哪个不好？

具体要看数据，比如我们在一个计划里推广了3个产品，称之为A、B、C。A产品的关键词权重和创意权重都很高，我们暂时认为它的权重值是100分，B产品的权重值是80分，C产品的权重值是60分。这样整个账户的平均权重值=（100+80+60）/3=80分。如果我们主推的产品是A产品，那么A产品的权重值被另外两个产品拉低了。所以在这种情况下，一个计划里笔者建议只推广一个产品，不要推广多个，因为其他产品的存在会影响到主推产品的权重值。

同样，假设还是有3个宝贝，A、B、C。A产品的权重值还是100分，B产品权重值是200分，C产品的权重值是300分。我们再算一下账户的平均权重值：（100+200+300）/3=200分。这时我们就会发现，主推的A产品的权重值被拉高了。这样的情况是我们想看到的也是我们想要的。

那么问题的关键就是要去思考，如何才能让辅推的产品的权重值做到200分和300分？如果你把这个问题解决了，那么你就会创造一种"黑车"的玩法。

2016年8月，当创意轮被封杀以后，有人开始公开这个玩法。用辅助的方式去提高B、C这两个产品的权重值，从而拉高A产品的权重值。当然，有人选择用3个产品去拉，也有人选择用5个产品去拉，还有人选择用20个产品去拉。

这种方法新推出时要价基本上在2万元以上，其实你懂了之后会觉得非常简单。基础原理很重要，不要看不起它们，恰恰是那些被人追捧的技巧，没有什么价值，尤其是过时之后，一文不值。

7.2.5　账户权重

账户权重跟计划权重一样，一个推广账户一般情况下都会有8个推广计划，有些商家有20个计划。

如果我们平常推广8个计划，那么8个计划的权重都会被累计到整个账户，最后同样会影响主推计划。有些商家平时没有运营好账户，这时候，笔者建议把账户中的数据删除后暂停计划，不要把这些不好的数据放在那边不管了。那些计划中有很多低分关键词，这些低分关键词会拉低整个账户的权重值。所以不打算再开的计划都要清掉。这样对于整个账户的权重是有利的。

我们再说"黑车"的玩法，知道了计划权重的"黑车"玩法之后，我们就可以想象得出来，如果做账户权重，我们可以通过辅助方法去做高8个计划中另外7个计划的权重，去拉动主推宝贝的计划权重。这种方式可以让账户的权重值一直保持在比较高的位置。

每个层级的玩法越是往上走（关键词权重—创意权重—宝贝权重—计划权重—账户权重），操作难度越大，而且越容易被稽查到，所以"黑车"的玩法周期很短，有些可能还不到1个月就被封了。

7.2.6　人群权重

2016年下半年最大的变化就是人群权重的增加，人群是移动直通车未来的大趋势，"黑车"的泛滥加速了人群权重出现。

很多人在做"黑车"的时候发现，"黑车"可以拿到很低的PPC，但是转化率不行，如果正常的转化率是2%，开"黑车"的转化率可能只有0.5%。我们去寻找原因的时候，发现流量来源变成了WAP流量，不再是手淘搜索流量了。这就尴尬了——有流量没有转化，流量再高也没有意义，而且大流量进来后转化率低，数据维度还会拉低产品的权重。从此之后，"黑车"开始衰弱了。

为什么会这样？因为直通车系统加重了人群权重，真实买家的每次点击都会带有人群的标签。而商家自己刷的点击，无论是用软件刷的点击，还是人工刷的点击，都没有明显的标签。通过标签来划分人群，让相互吻合的产品获取到精准的人群点击。这种方式相当于把最精准的流量分配给了标签最明显的产品，那么剩下来的一些不太精准的流量就被分配给标签不准的产品，如果是针对"开黑车"的产品，阿里这样的设计真的太厉害了，不仅没有浪费流量，还把"黑车"压制住了。笔者一直认为阿里的技术是最厉害的，只是它要不要做的事情。

当然，人群权重出现，并不代表就万无一失了。记住笔者之前说的，只要有权重维度存在，就一定会有漏洞。如果看谁既可以刷点击，又可以有标签，那么"黑车"就又可以做了。现在市面上也有一些人在做人群权重的"黑车"，但只有一小部分人在玩，因为整个操作成本很高，补一次点击的成本需要1～2元，再加上被过滤的一次点击成本要7～10元，一轮下来，单操作的成本就需要1 000元以上。这样去做其实得不偿失。

从人群权重角度来说，笔者更加期望商家在开始做"白车"的时候就关注这个点。直通车关键词的权重对商家来说很重要，但不是最重要的。有的时候我们会发现，我们的关键词权重很高，都是10分了，但是获取不到展现机会。简单来说，关键词权重决定了我们的PPC，而人群权重决定了我们的流量获取能力。虽然从表面我们看不到人群权重的分值，但是它确实存在。说不定在未来某天，直通车后台不再有关键词质量分，会出现一个人群质量分的数据供我们"开车"的时候参考。

上述是结合"黑车"的历史来解释直通车的权重系统。可能很多人期望看到的是玩法，比如"第1天要做什么，第2天要做什么"这些"术"的层面的方法。"道为体，术为用。有道者术能长久，无道者术必落空。学术先需明道，方能大成。学术若不明道，终是小器。"引用这句话，期望能够让你回归对原理的学习上来，当你学会了原理，后面"术"的东西就简单了，有些方法你自己就可以创造出来。无非就跟我们小的时候做实验一样，多做几次测试罢了。不要在黑技术里面迷茫，走出来，我们最终的目的是赢利，不要忽视了你最初的梦想。

第八章

选对产品才是赢利的根本

在本书开篇，笔者曾提过，很多人从来不会觉得自己的产品有问题，笔者相信你也是一样的。如果觉得自己的产品有问题，那么肯定不会拿来做推广。

但是很多时候，我们考虑问题是从自己的角度出发的，而不是从买家的角度出发的，我们自己觉得很好的产品，买家未必会觉得好。这是一个悖论，而我们总是在这个悖论里面出不来。

如果你是做女装的商家，笔者相信你会注意引一伙人，大家叫他们"松阳人"。他们做款式的特点就是用直通车猛砸，如果他们看好一个款式，在前面几天会花3万～5万元一天的直通车推广费用，如果产品被推起来，他们会赚得盆满钵盈；反之，一个款式要亏20万～30万元。笔者很敬佩他们的勇气，但是在这种现象的背后，其实还有很多细致的工作可以去做。假设按照上面思路，你一年做了10个款式，如果能够通过对选款的分析，打造1～2个爆款，这样既省下了几十万元的推广费，同时又能多赚几百万元。所以对于任何一个商家来说，选品至关重要。

这也是笔者特意用一章来阐述选品的原因。也许你会说，"我做的是标品，我不需要选品。"真是这样吗？

8.1　选品的重要性

在每一期的内训，笔者都会跟大家分享一句话：花70%的精力去找产品，花30%的精力去做技术运营。

笔者曾遇到过一个学员，他比较喜欢钻牛角尖，他问笔者："还要不要发货，要不要客服？"当然要，这些是我们在运营范畴里面要考虑的。

现在很多人还是特别喜欢研究技术，包括我们自己也是，我们是一家技术型的公司，我们每天在做的事情就是深挖直通车和搜索的技术。但是你发现笔者有做特别大的店铺吗？没有，或者说到现在为止没有。在做品类规划的时候，我们操作的都是小类目。我们也没有天猫店，很多人问我们为什么不做天猫，因为我们现在还有太多的不确定性，我们现在依靠手里的技术在不同的类目赚钱，但是我们还没有定下来到底要在哪个类目去深挖。这是我们的情况，我们深挖的是技术；但是作为商家，你不一样，你要深挖的是产品，找对一个类目，深挖1 000公尺。笔者期望这是你真正做的或者未来会做的一件事情。

在很多公开的场合，笔者分享过对御佳未来的定位，就是能够找到几个品类然后深挖下去，成为一个跟韩都衣舍相似的公司。这是我们的奋斗目标。你现在要做，我们未来也一定会做。

杭州一个女装店铺的老板曾来找我们做直通车托管，因为是朋友介绍，笔者当时就接下了这家店铺，并安排了一个"车手"操作这个店铺。一个礼拜以后笔者发现主推的款式数据不好，收藏加购的数据不到5%，点击率也很低。当时笔者跟"车手"说，这个款式要停掉，不能再做推广了。笔者跟他说"我负责跟对方去沟通，你暂停推广"。

那位"车手"觉得很奇怪。"车手"是按照账户提成的，停掉一个账户会影响他的收入。但是笔者不是这样想的，如果这个账户接着操作下去，对方肯定亏得更多，按照笔者之前的经验，这个款式再做推广，亏掉的不仅仅是服务费，还有每天花出去的"车费"。当时这个账户每天的花费是500 ~ 1 000元。

笔者一直是这样一个思维：我们是做服务的，我们的任务就是帮助我们的用户、我们的学员去解决他们的问题。如果我们解决不了他们的问题，那么我们的存在就没有任何价值。就跟你平常去理发店一样，如果理发师不能剪出令你满意的头发，你下次就不会再去光顾。

如果产品款式不好，那么你强推下去，也不会有好的结果，该停下来的时候就要停下来，前文我们说的"松阳人"就是这样，他们懂得什么时候应该放弃。如果你顾及之前投入的钱而不舍得出来，那么你会亏得更多。

笔者期望你真的能够花70%的精力去用心地找产品，现在蓝海市场越来越少了，但是只要你用心去找还是有的。如果你有固定的类目就需要好好地在自己的类目里找到合适的款式。

图8-1所示的椰子鞋是笔者的一个学员在2017年操作的一个产品：当年4月他做到了100多万元的销售额，交易趋势如图8-2所示，整体呈现上升的趋势。5月220多万元，交易概况如图8-3所示。6月也有200多万元。他做这种鞋子的毛利润有50%左右。3个月的时间，基本

图8-1　椰子鞋

上把2016年一年的钱都赚回来了。这可能是很多人奋斗几年才能赚到的钱。

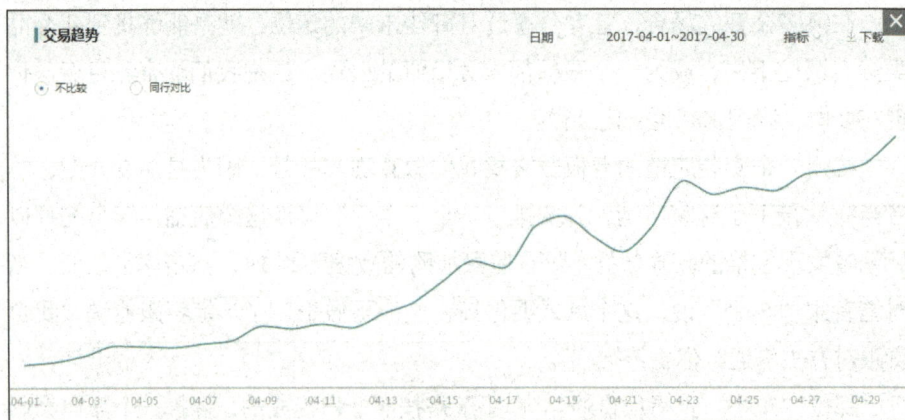

图8-2　椰子鞋4月交易趋势

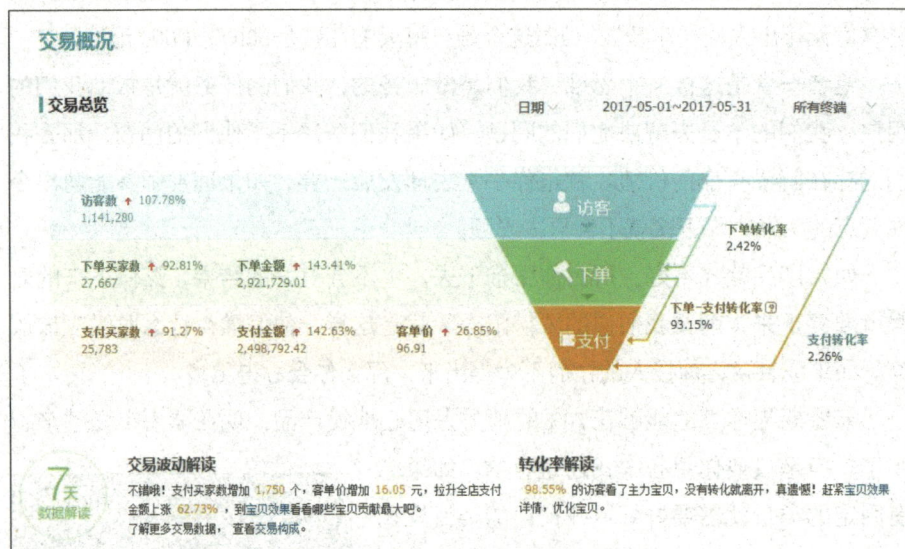

图8-3　椰子鞋5月交易概况

　　为什么他能够做到这种程度呢？本质的原因还是产品好，这是根本。

　　这种鞋子在2017年特别火，但是椰子鞋并不是新推出的，其实在2015年就有椰子鞋了。如图8-4所示，2016年淘宝市场的椰子鞋卖得并不是特别好，有市场容量但是不大，但是到了2017年2月，数据突然上升，市场容量放大了5倍。这时如果你在做这个产品，只要你的供应链不是很差，技术方面不犯特别简单的错误，那么你肯定也会有机会赚到这一波的钱。

遗憾的是很多人可能没有发现这个产品，或者发现了这个产品，但技术还不到家。如果你的技术不到家，现在手里还没有好的产品，那么潜心下来，系统地学学，为了明天机会的到来做好准备。

除了椰子鞋之外，笔者再分享一个好产品：指尖陀螺。看到图8-5所示的搜索趋势了吗？从2016年11月开始这个产品开始爆发，到现在搜索指数已达到28万。也许光这个数据，并不能让你产生强烈的感觉，图8-6是笔者做的指尖陀螺跟牛仔裤的对比数据。

图8-4　椰子鞋近1年搜索数据

图8-5　指尖陀螺的数据趋势

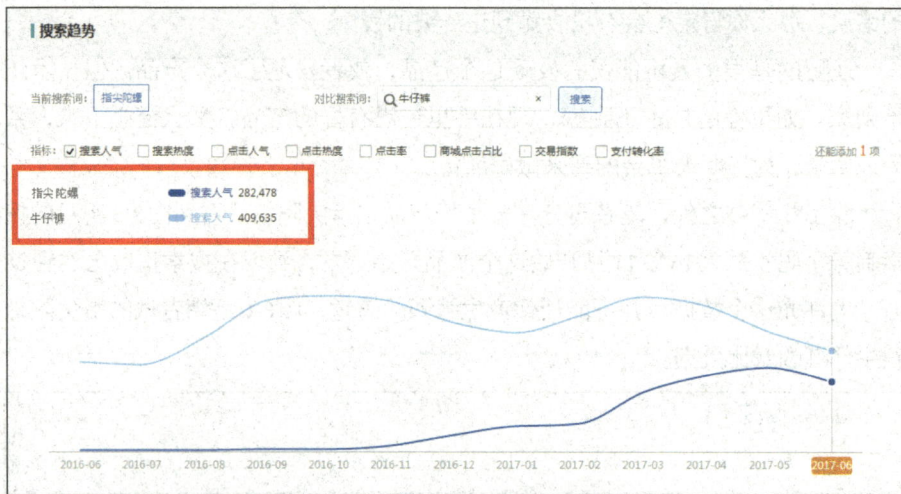

图8-6　指尖陀螺和牛仔裤的对比数据

通过这两组数据的对比，你就可以看到指尖陀螺的搜索数据有多大了。是不是又很遗憾自己没有在更早的时候发现这个产品？这样的产品还有没有？肯定还有。我们需要更多地关注市场，关注身边的热点。

所以笔者还想强调一次：选品真的很重要！

8.2 标品要选款吗

很多商家觉得标品不需要选款。

我们所说的标品是指工业化的产品，比如手机、电脑、书等标准化生产的产品，它们都有统一的标准或者型号批次。跟标品对应的是非标品，即服装、鞋子、包这些，没有固定的形状颜色、款式很多的产品，非标品一般也没有国家统一设计标准。

非标品比如女装在操作时，其实最为重要的就是选款，选择一个好的款式很重要。那么标品呢？标品的款式都差不多，是不是不需要选择了呢？笔者一直都不这么认为。接下来笔者分享一个案例，这是我们一个学员的案例。

当我们在淘宝搜索"原汁机大口径"的时候，可以看到如图8-7所示的众多机器，一眼看过去都是红色（除了最后两个），整个行业的这款产品几乎都是红

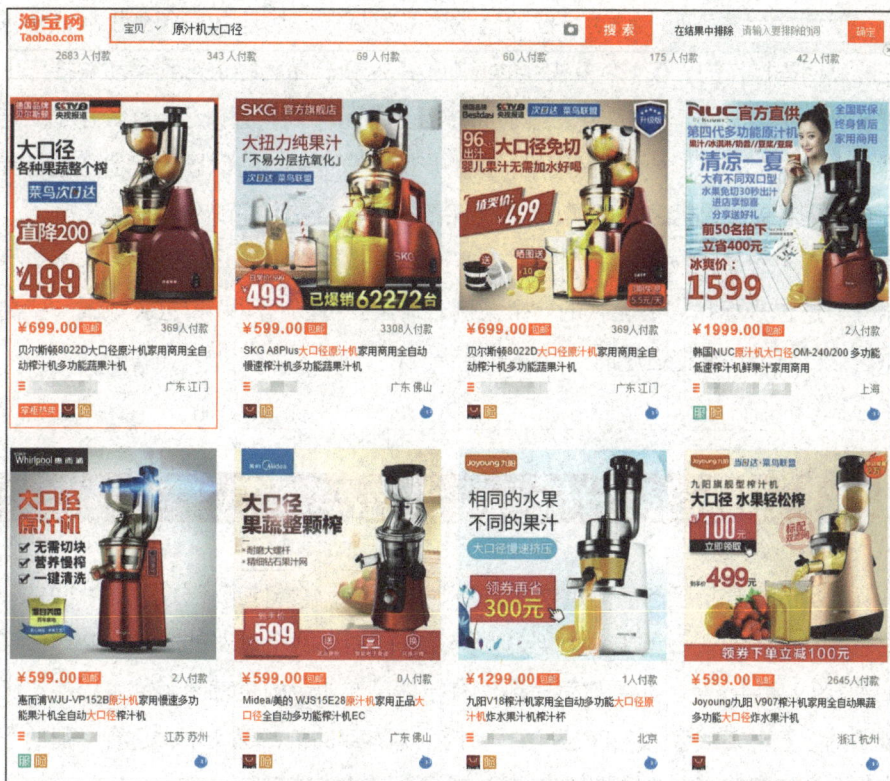

图8-7 原汁机的产品截图

色的。2016年的时候，后面两款非红色的原汁机也还没有出来。那时笔者的一个学员就开发了一个土豪金颜色的款式，跟图8-8所示的颜色款式是一样的。

图8-8 土豪金的原汁机

就凭这个颜色的小改动，他的这款产品就爆了。他是2016年9月24日学习完之后回去操作的，仅1个多礼拜的时间他的这款产品已经上升到移动端推广位置的前3位，"双十一"的当天赚了80多万元，到年底累计赚了100多万元。当然，在200多元的这个价格区间里，他的产品质量也是没有问题的，他送过笔者一台，笔者对比自己之前花了600多元买的，两者质量上并没有太大的区别。

笔者不想说他技术有多厉害，其实主要还是他有一个好的产品，这是前提条件。这也是标品需要测款的一个案例，你至少可以对颜色和包装等做一些测试，这样可以让你打造爆品的过程事半功倍。

8.3 市场趋势分析

前面我们分析了选品的重要性，接下来笔者分享一种市场分析选款的方法，这也是适合所有类目的方法，但是前提是我们需要两个付费的工具：生意参谋（专业版）和生e经。如果你暂时还没有能力买专业版的生意参谋，可以购买标准版的生意参谋或生e经。没办法，目前生意参谋的价格确实不太适合一般的小卖家刚开店就购买，这也是创业的门槛，而且会越来越高。

如果你在学校里上过市场营销的课程，笔者相信你看到过图8-9所示的曲线——产品的市场周期曲线。从理论上来说，每个产品进入市场之后都会走这

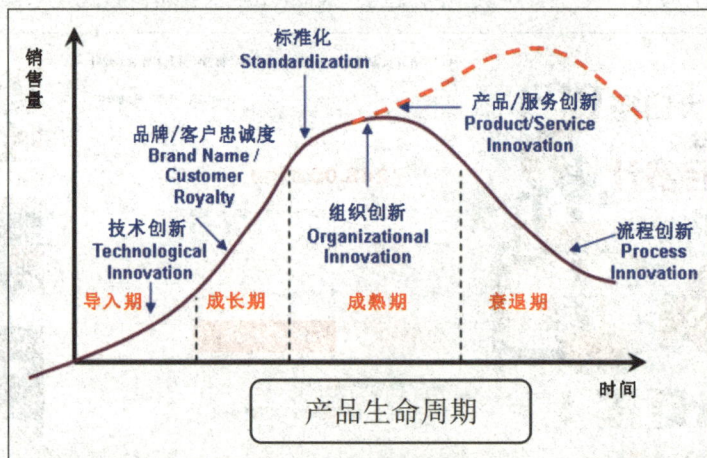

图8-9　产品生命周期图

样一个曲线，一直到最后退出市场。

以苹果手机为例：iPhone8在进入市场之前，苹果公司会做很多营销，包括预热、公开上市时间、开发布会。这是产品的导入期。

产品导入之后，就需要市场的快速拉动，累计销量，获取到市场的份额，我们需要一些广告的投入，快速地占领目标消费人群，这是产品的成长期。

当市场慢慢饱和之后，我们发现产品增长遇到瓶颈了，这时我们往往会认为产品到达了稳定期。这个时候市场会安静下来，潜在消费者还会陆续购买。

稳定期随着时间的推移会衰退，这时苹果公司就要考虑推出iPhone8S，或者iPhone9。如果推出了iPhone8S，那么就相当于选择走了图8-9中虚线所示的那条路，即做技术和服务创新。如果直接推出iPhone9，那么就相当于走图8-9中实线所示的那条路，随着新产品的推出，老产品会快速衰退。

这两条曲线告诉我们产品和时间之间的关系。接下来我们看一下，淘宝市场中羽绒服的数据，如图8-10所示。

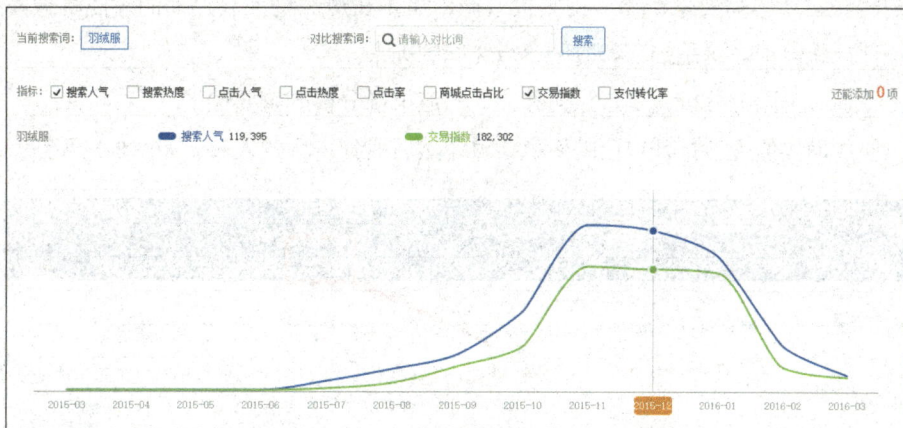

图8-10 羽绒服市场趋势图

我们可以对比一下这两条曲线，是不是非常相似？接下来，笔者期望你能够去生意参谋里搜索一下自己的产品，看看它呈现怎么样的一条曲线。你要清楚自己的产品在整个市场中的趋势是怎么样的。

通过图8-10中的数据，我们可以看到羽绒服这个产品在8月开始呈现上升趋势，到了10月以后进入了拉伸的成长期，11月至来年1月为稳定期，到了2月则进入衰退期。

如果我们按照线下的操作时间节点来操作羽绒服，就会掉进库存陷阱。假设笔者在杭州，到冬天最冷的时候开始做羽绒服，那么操作时间应该在12月。12月我们开始上款操作，假设11月已经找好款式拍好照片了（如果你这两个工作都没有做，等你12月开始操作的时候做完这些工作就到来年1月了），12月开始上架操作，新品操作的时间是7～14天，如果技术成熟可能7天就能完成。那么等你的产品上市估计到12月月底了，这个时候羽绒服已进入下降通道，如果你是厂家，需要自己备货，很不幸地告诉你，你可能要吞库存了。

假设还有一种情况：你的款式真的非常厉害，供不应求。在过年之前，每天发1 000单，但是离过年还有10天，你没有货了。这个时候你还要不要做货呢？笔者建议你不要贪心，这跟炒股是一样的，产品衰退的时候要及时离场，落袋为安。

这是产品操作和时间节点之间的关系，直通车的操作也要结合产品的这个趋势去操作。在产品导入的时候我们需要测图、测款、测词、测人群、测地域；在产品进入上升通道的时候我们要快速拉流量，引爆产品；在产品进入稳定期的时候直通车需要做产出、提高投入产出比；在产品进入衰退期的时候直通车该停掉就停掉。这是推广和时间节点之间的关系。

通过上面的分析，笔者认为你应该知道市场分析的重要性了。

如何操作呢？打开自己的生意参谋，然后找到市场的入口，如图8-11所示。

图8-11　生意参谋数据查询的入口

打开这个界面之后，找到搜索框，如图8-12所示，输入产品的主要关键词，然后调整一下数据检索的时间，将其调整为"自然月"就可以了。

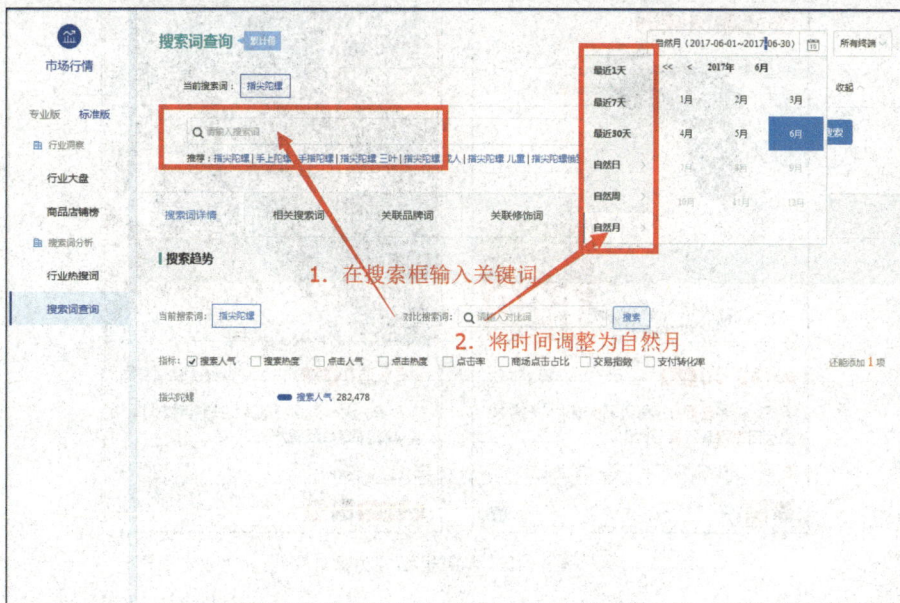

图8-12　查询操作方法

8.4　市场容量分析

在这之前，笔者不知道你有没有考虑过一个问题。假如你现在定了一个小目标：我一定要做出一个厉害的爆款，我要日销千单。不完成这个目标誓不罢休。

围绕着你刚刚定下的目标，笔者给你提供了2个产品，如图8-13所示，你应该如何去选择？很明显，如果你选择卖制氧机，你的上述目标是无法实现的，因为市场容量就这么大，即使你做到市场销量第一，一个月你最多卖2 100台，平均每天就卖70台。所以单纯冲销量来说，选择打底裤的成功概率会大很多。当然，你也可能会说，打底裤利润太低，不想做，那你可以考虑做别的。但是关于市场容量的问题，需要你认真地去考虑。

即使做同一个产品，在不同的风格、不同的价格面前，市场容量也是不同的。

我们以女装连衣裙为例，韩版的连衣裙和民族风的连衣裙的市场容量一样吗？ 100
元以下的连衣裙和100元以上的连衣裙的市场容量一样吗？如图8-14、图8-15所示。

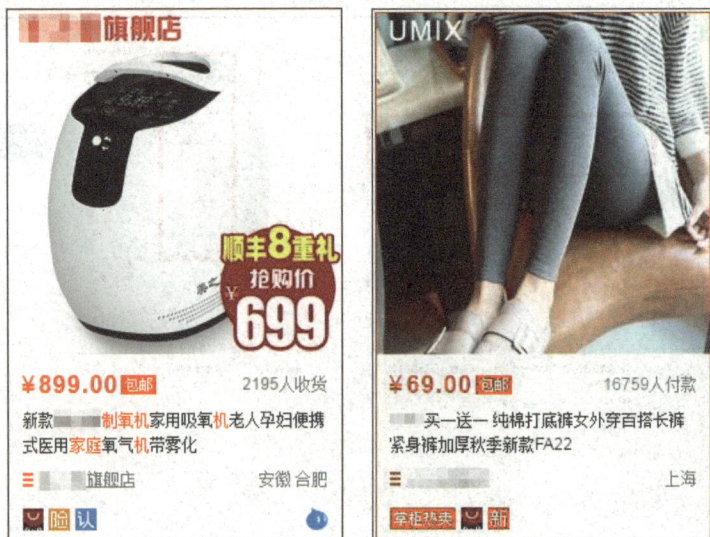

图8-13　制氧机和打底裤

图8-14　韩版连衣裙的最高月销量

图8-15　民族风连衣裙的最高月销量

　　如果你再细心一点去看一下价格，100元以上的销量只有5 000多，可见价格对容量影响也很大。

　　以上这些都是我们看到的表面数据，接下来我们通过数据去分析不同属性、不同时间的产品的市场容量。需要用到的工具是生e经（到目前为止，生e经仍然是可以分析市场数据的，但是未来并不一定，因为它跟生意参谋在很多地方有冲突，如果某一天这个功能无法使用了，你可以到生意参谋里面找相应的功能），如图8-16所示。

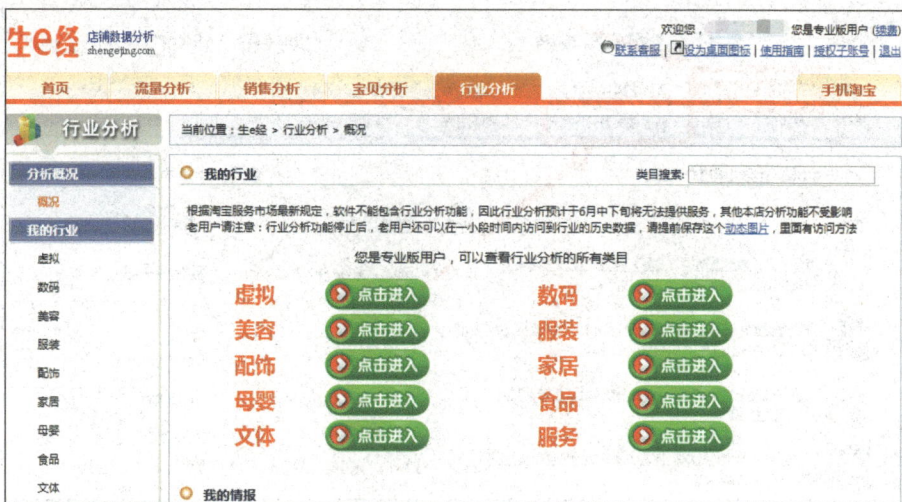

图8-16　生e经截图

打开生e经之后，找到自己的主营类目，再找到子类目，如图8-17所示。

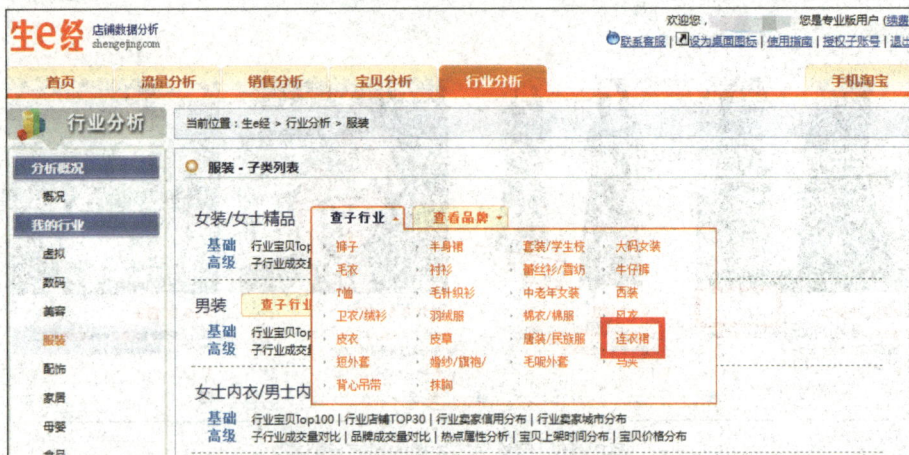

图8-17　进入子类目

在热销宝贝TOP100中，如图8-18所示，排名前100的产品，都是当月销量最好的产品，我们可以通过数据筛选看到过去每个月的数据，如图8-19所示。通过对这些数据的分析，你就可以找到每个类目每个月的爆款了。即使你还不会选款，总应该知道爆款长什么样子了吧？最为懒惰的方法就是拿去年的爆款再推广，这样成功的概率会比在什么都不懂的情况下随便选择一个产品做要高很

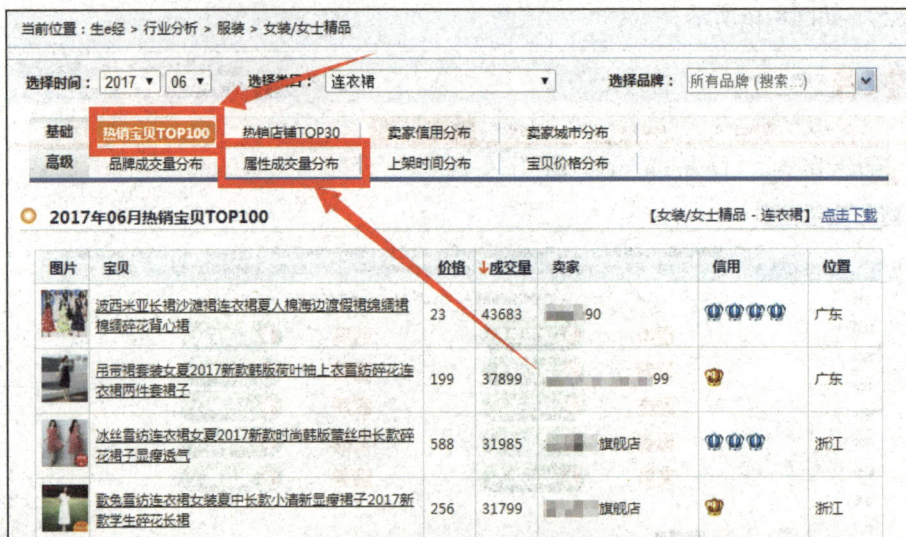

图8-18　热销宝贝的属性成交量分布

多。如果你擅长做设计，那么可以在爆款的基础上做一些小的改动，形成自己的卖点。

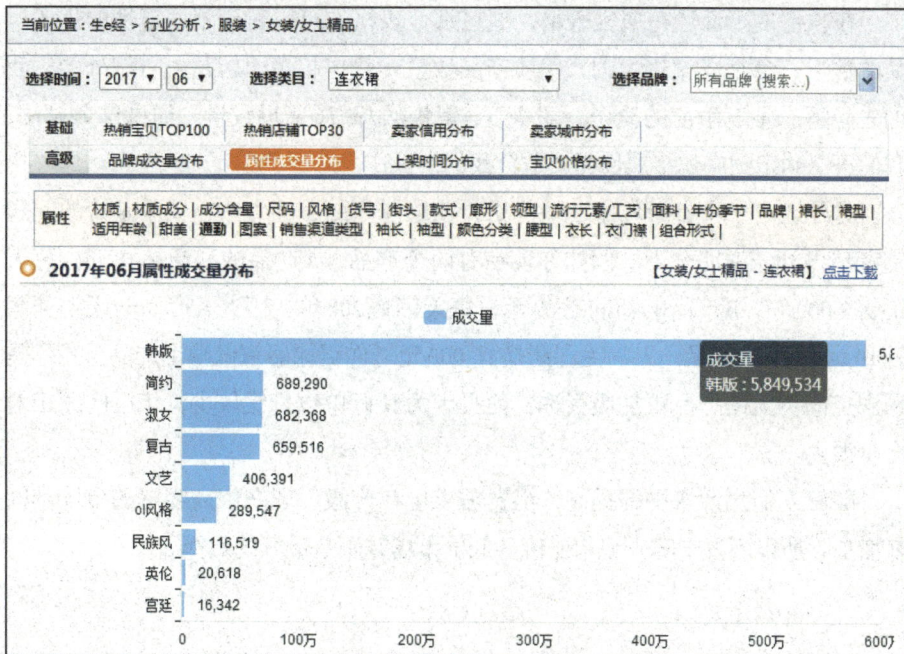

图8-19　属性成交量分布图

接下来我们再看属性成交量分布，如图8-20所示。

从图8-20我们可以看到韩版连衣裙的市场空间是民族风连衣裙的市场空间的50多倍，两者之间的市场差别还是很大的。那么我们在最终确定选款的时候是不是一定要选择做市场容量大的产品呢？

属性值	↓成交量	销售额	高质宝贝数
韩版	5849534	1249769166	14290
简约	689290	184371987	3001
淑女	682368	240474806	4349
复古	659516	1269407494	2198
文艺	406391	84480997	2152
ol风格	289547	137240546	2136
民族风	116519	25374449	307
英伦	20618	9172917	130
宫廷	16342	4376188	48

图8-20　高质宝贝数量

并不一定。市场容量大的属性，其产品数量必然多，竞争度就会比其他的类目要大。

在软件的下面还有属性表格，通过那个表格你可以看到不同属性的优质产品的数量，越是成交量大的，优质产品数量一般也越多，但是也有例外的。我们先了解一下竞争度的概念，竞争度=销售额/高质宝贝数量。通过这个算法，我们可以确定到底哪个属性更加适合我们去操作。

另外还有一个参考依据，即价格，在选择产品属性之后，关于定价的问题笔者想再补充说明一下。假如你现在有两个产品，A产品的利润是10元，每天销售1 000件，B产品的利润是80元，每天销售200单。因此A产品一天毛利润是10 000元，B产品一天的毛利润是16 000元。你更加愿意做哪个产品？是不是利润空间更大的产品更加吸引你？而且因为其订单数量比较少，售后问题相对会少很多。

随着人们生活水平的提高，消费需求也在升级，现在中高客单的市场空间在增加，所以不要一味去追求低价。低价市场并不是最好的选择。

8.5 选品

经过分析之后，你基本上可以确定一些需要操作的产品了，这时需要明确的是你的定位问题。

在每次内训课上，笔者都会问学员一个问题：你们运营店铺的目的是什么？你们是想短期赚钱，还是想长期发展？80%以上的学员都会回答：我要长期发展！

这是很好的梦想，但是现实中我们做的未必就是我们梦想中想要成为的那样。因为店铺短期赢利和长期发展，这两个运营的方向是不同的。如果我们定位是短期赢利，运营的重心就在获取流量上面，我们需要解决的是低价流量的问题。而如果要考虑长期发展，那么我们的运营重心是放在我们客户上面，我们要考虑的是我们能留存下来多少忠实的用户。

定位没有好坏之分，我也不认为短期赢利有什么问题，如果你还没有原始资金，那么肯定要赚钱赢利，这时就不得不重视技术，通过技术手段去获取到低价流量，进而实现赢利。

选品和这个定位有关系。此外还有一个供应链的问题，大部分中小卖家都是在市场拿货。笔者不知道你有没有这样的经验，我们在实际找款的时候，经常会这样问老板：

你们家这款有货吗？稳定吗？我要加车推广了！

老板会拍着胸脯告诉你：有货，放心！

但是当我们好不容易遇到一个好款推广起来以后，1天50单没有问题，1天100单也没有问题，1天300单，老板就跟你说"不好意思，没有货发了"。一个爆款如果找不到可替代的供货商很容易沉寂。

可见供应链非常重要，选择款式的时候要考虑供应链的问题。

在选定了产品之后还要对产品进行数据测试，这样可以提高爆款的成功概率，也可以降低推广的花费。测款的方法笔者在之前的内容里已做过分享。如果用直通车推广的话，笔者建议使用直通车计划测款的方式，这样测款的速度比较快。

在测试完之后，要选择收藏加购数据在10%以上的产品（这是经验的数据，不同的类目要求是不同的，笔者见过有些类目对加购数据的要求是15% ～ 20%，最终的参考数据按照你所在行业的情况和你自己的经验数据去定）。

上面分享了关于选品的内容，期望能够帮助你正视你的产品，因为产品是根本，笔者期望这些内容能够帮你在接下来的运营过程中，找到一个好的产品。

第九章

优化产品的转化率

转化率=支付买家数/访客数

在过去很长一段时间里，笔者相信很多商家一直都在努力提高访客数，因为我们都陷入了一个误区，认为只要流量够多，那么无论转化率高低，都能够卖货。确实如此，但是当流量的成本变高之后呢？单次流量价变贵了，获取流量的成本增加了，如果我们还是肆无忌惮地去获取流量，我们的投入产出比就会非常差，这不得不让我们去反思，如何提高单次流量的使用效率。笔者将在这一章分享转化率的内容。

9.1 为什么转化率如此重要

从淘宝平台的角度来说，每天的流量池到现在来说基本上是稳定的，它所面对的瓶颈已经非常明显。在一二线城市，该用淘宝购物的买家也都用了淘宝，没有使用的那部分人群，他们可能这辈子也不会使用。所以淘宝期望开拓三四线城市的市场，到处刷墙，做农村电商，它面对的问题跟我们商家面对的问题是一样的。淘宝考虑的是在同等流量下，哪个商家的产值比较高，就匹配更多流量给这个商家，因为对于淘宝来说，GMV（商品交易额）很重要。

这样就会导致商家获取到的免费流量，只是从表面上看是免费的流量，但是本质不再是免费的了。因为淘宝系统会考核你的流量产值，如果你的产值低，即使你愿意付费，淘宝也不愿意把这部分流量给你，它不差你的那点推广费用，它期望把流量给到你之后，你能够多给它做点产值，这样它的股票在纳斯达克的市场上才会涨。这是淘宝的运营本质。所以你会发现有的时候，即使你在直通车中出价很高，也很难获取到大量的流量。

到了现在，如果你还不把重心放到转化率上，你就会面临很大的困局：搜索流量起不来，流量起来以后马上就掉，直通车无论出价多高都拿不到大流量。那么我们到底应该如何去优化转化率呢？

9.2 分析受众人群

你有没有去思考过一个问题：你的产品究竟要卖给谁？

我们举个例子，比如你是卖连衣裙的商家，那么你肯定会告诉笔者你的产品要卖给女人。那么究竟是什么样的女人呢？是白领，还是学生？是18～24岁的女人，还是24～30岁的女人呢？你可能会说，"无所谓啊，只要那个人愿意买我的产品，我就卖给她"。

但是笔者想告诉你，如果你这样想就有问题，你的麻烦也来自这里。按照过去线下的思维，我们会想怎样把产品销售给当地尽可能多的人。有这样一个故事：如何将梳子卖给和尚。这个故事讲的看起来很简单，但是你有没有去思考一下，为什么一定要把梳子卖给和尚呢？如果我们花同样精力，我们的梳子会不会有更大的市场呢？

我们要做的事情就是去分析我们的目标顾客是谁？比如图9-1所示的连衣裙。

图9-1　职业装连衣裙

图 9-1 所示是一款职业装连衣裙，你去思考一下它的目标销售人群是哪些？女人！当然是女人，再细化一些呢？

是职业白领。那么这些白领平常会在哪里出没呢？高档的写字楼或者办公场所。这些人会穿质量很差的衣服出现在办公室里面吗？不会。所以你要做多少价格的连衣裙呢？低价的吗？显然不对。你要去找一个质量还不错、价格稍微可以高一点的连衣裙，来满足目标销售人群的需求，这样的产品才好卖。你需要找到这类风格的衣服，然后把这些衣服放到一个店铺里，你只做这一类目标人群，她们每次到你的店铺里就会购买很多件。

我们再看图 9-2 所示的连衣裙，这是一款学生装连衣裙，尽管你的目标销售人群还是女人，但是不一样了——是年龄在 18～24 岁的学生。她们有钱吗？她们基本上靠父母给的生活费，没有太多钱，所以你的定价不能太高，价格高了市场容量就小了。她们喜欢款式时尚、潮流，质量不是她们最为关注的一点。我们再看图 9-2 所示的这款裙子，它是文艺范的，那么其目标销售人群应该是比较文静的女孩，然后我们要考虑什么场景是她们喜欢或者经常会出没的，我们就可以选择在这样的场景下去拍摄产品图片。

图 9-2　学生装连衣裙

我们来看一下反面的案例，图9-3所示的产品也是连衣裙，看产品的标题，卖家的目标销售人群是妈妈或者奶奶，因为产品标题的核心关键词是"妈妈装"和"奶奶连衣裙"。但是卖家选择的模特匹配吗？是不是有问题呢？

图9-3　妈妈装连衣裙

可能你会觉得产品比较好确定，看一下目标销售人群就马上可以知道，那么如果我们是一个做儿童玩具的，那我们怎么知道这个产品的买家人群呢？

互联网最大的好处就是有大数据支持，这样可以让我们快速地去了解一个类目。这也是笔者喜欢做淘宝、喜欢互联网的原因。数据能直接反映问题，只要你喜欢研究数据，喜欢研究技术，那么你要逆袭还是一件相对容易的事情。

9.2.1　客户运营关系管理平台

在店铺后台的营销中心有客户运营平台，如图9-4所示。如果你现在还没有这个入口，可以去服务市场订购，如图9-5所示。

软件订购成功之后，就可以到营销中心找到软件入口。

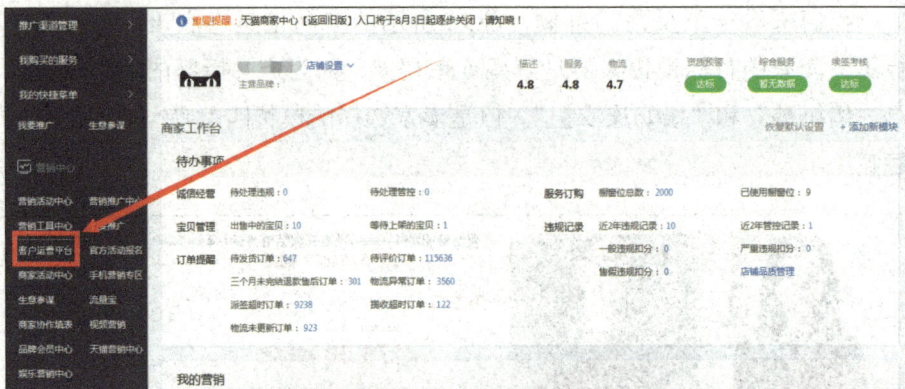

图9-4 客户运营平台入口

图9-5 客户运营平台订购入口

打开软件之后，找到客户分析这个入口，如图9-6所示。

从中我们可以找到访客人群洞察，如图9-7所示，这个数据是统计过去一个月访客的年龄和性别信息。

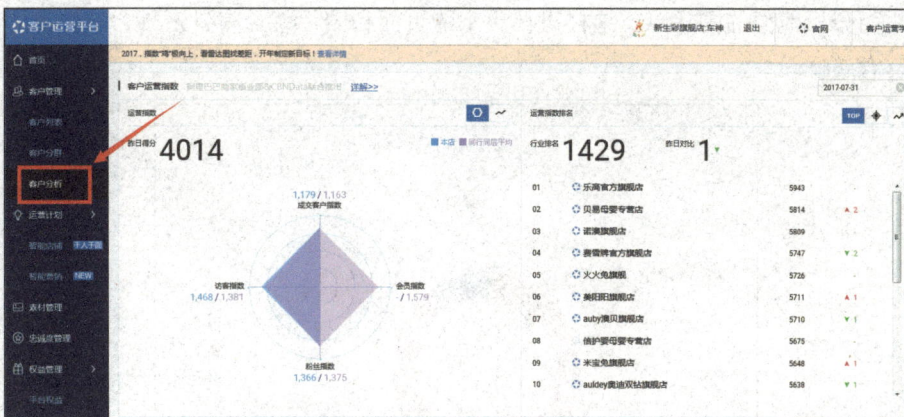

图9-6　客户分析入口

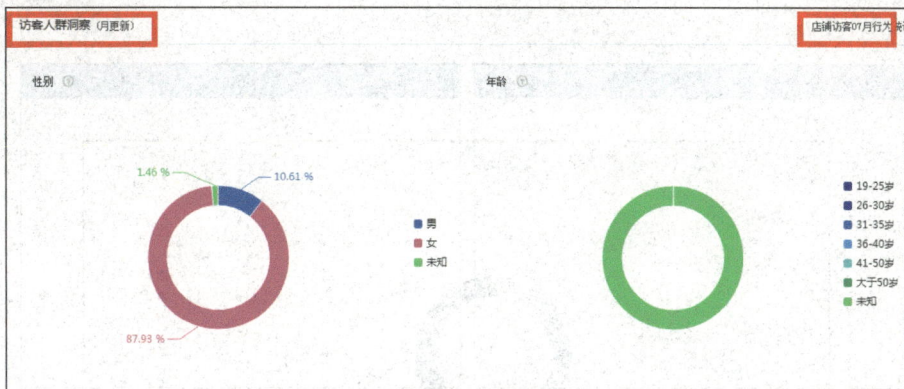

图9-7　访客人群洞察

图9-8所示是一个积木玩具的店铺统计的买家性别比率，我们可以看到其买家大部分是女性，这样我们就可以知道给宝宝买积木玩具的都是妈妈；爸爸给宝宝买玩具的比率只有10.6%；还有一些是"未知"，这个"未知"的意思是系统没有办法去判断这个账号背后的使用者的性别。这跟系统辨识有关系，淘宝系统其实并不是简单按照注册信息来判定账号使用者的性别，而是根据其购物行为习惯来判定的。所以如果你的账号购买的适用男女性的产品差不多或者说你长时间没有购物，那么系统可能就无法辨识出来，就成为了未知。

通过图9-9所示的数据我们可以看到买家的年龄分布。

通过这个平台的数据分析，我们还可以看到访客的地域信息，他们喜欢什么样的促销信息。无论是什么样的产品，我们都可以去分析其背后的买家人群，

169

进而分析他们的需求点。这样设计出来的页面和图片就会有针对性，转化率才
会有保障。

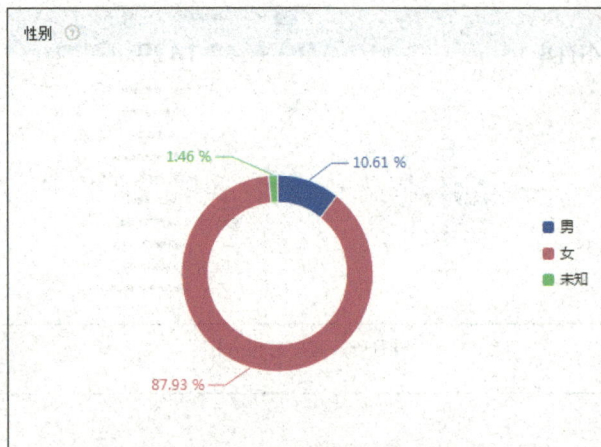

图9-8　性别比率

图9-9　年龄分布

9.2.2　生意参谋的人群画像

有些商家可能会说：我的店铺是新店，没有上述数据怎么办呢？

没有数据或者你想去了解一下你现在还没有开始操作的产品，那么可以借助
生意参谋的数据，如图9-10所示。虽然生意参谋现在的价格比较贵，1年的费用
是3 600元，但是它的价值是值得肯定的，所以如果你比较擅长做数据分析，一
定要购买这个软件。其实平均到每天也就10元，对于一些商家来说可能并不贵。

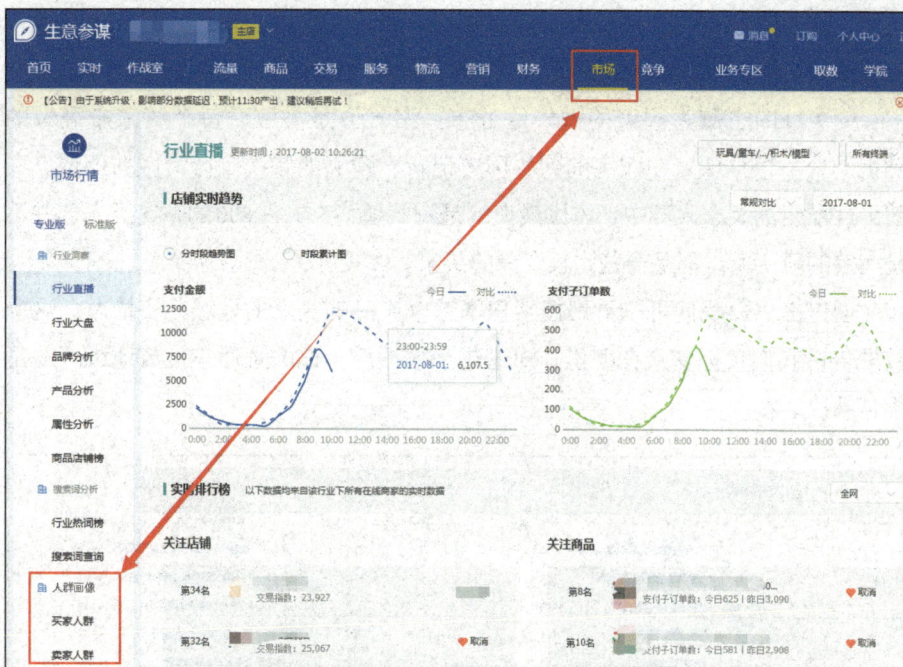

图9-10　专业版生意参谋人群画像

通过图9-11所示的数据我们可以看到，购买积木类产品的买家的职业分布情况。其中公司职员占比为48%，然后是个体经营和服务人员，教职工，医护人

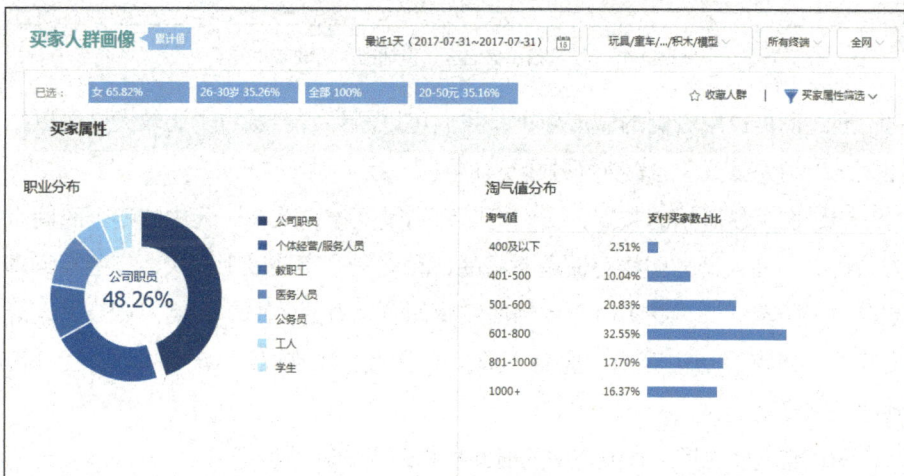

图9-11　买家人群画像

员等，通过对职业的分析，我们能够确认给孩子买积木的家长，基本上受教育程度比较高或者对教育比较重视。

图9-11的右侧为买家的淘气值分布。淘气值是淘宝对每个买家账号做的登记划分，根据买家在淘宝的购买历史记录、购买的频次等行为做的评定。在图9-11所示的买家人群中，占比最大的是淘气值为601～800的，这类人群并不是淘宝的新买家，都是一些比较资深的买家。

通过图9-12我们可以看到搜索积木这个产品的买家的地域分布情况。这个数据告诉我们目标受众在哪里。知道这个数据后，你的直通车投放地域问题是不是解决了？

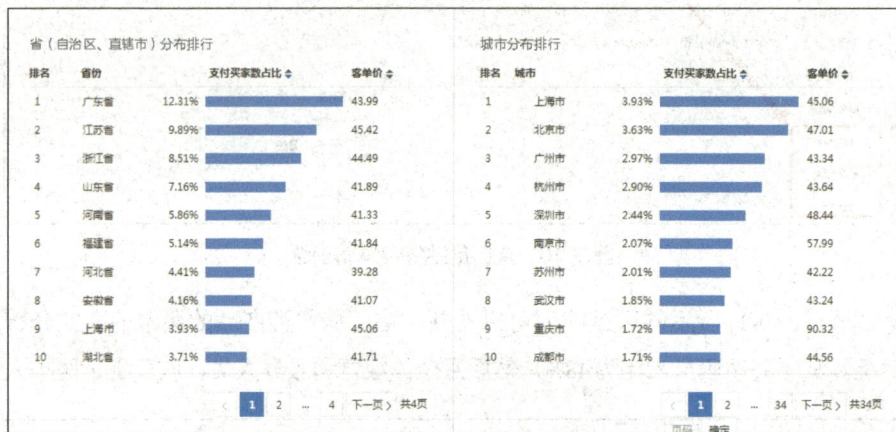

省（自治区、直辖市）分布排行				城市分布排行			
排名	省份	支付买家数占比 ⇅	客单价 ⇅	排名	城市	支付买家数占比 ⇅	客单价 ⇅
1	广东省	12.31%	43.99	1	上海市	3.93%	45.06
2	江苏省	9.89%	45.42	2	北京市	3.63%	47.01
3	浙江省	8.51%	44.49	3	广州市	2.97%	43.34
4	山东省	7.16%	41.89	4	杭州市	2.90%	43.64
5	河南省	5.86%	41.33	5	深圳市	2.44%	48.44
6	福建省	5.14%	41.84	6	南京市	2.07%	57.99
7	河北省	4.41%	39.28	7	苏州市	2.01%	42.22
8	安徽省	4.16%	41.07	8	武汉市	1.85%	43.24
9	上海市	3.93%	45.06	9	重庆市	1.72%	90.32
10	湖北省	3.71%	41.71	10	成都市	1.71%	44.56

图9-12 访客省（自治区、直辖市）和城市分布

通过图9-12中右侧的城市分布，我们可以看到省会城市占比较大，可以推测大城市的人对孩子的教育问题会更加重视一些。

通过图9-13所示的数据，我们可以看到其买家喜欢在一天中的哪个时间点去购物。不同人群的购物习惯是不同的，有些买家喜欢晚上购买，有些买家喜欢在白天下单。通过图9-13所示的曲线我们可以看到，上午10点以后会进入成交高峰，18点至19点会出现成交下降，但是晚上20点以后又会出现成交波峰，到凌晨则降至低谷。

知道这些信息后，直通车中的时间折扣的问题就解决了。

我们还可以通过生意参谋看到买家对关键词的搜索偏好，以及他们对属性的偏好，喜欢什么样材料的玩具等，这些属性在玩具类目中相对较少，但是在服装类目中属性就多了，而且服装的不同属性对买家的需求分析，对于商家来说还是非常重要的。

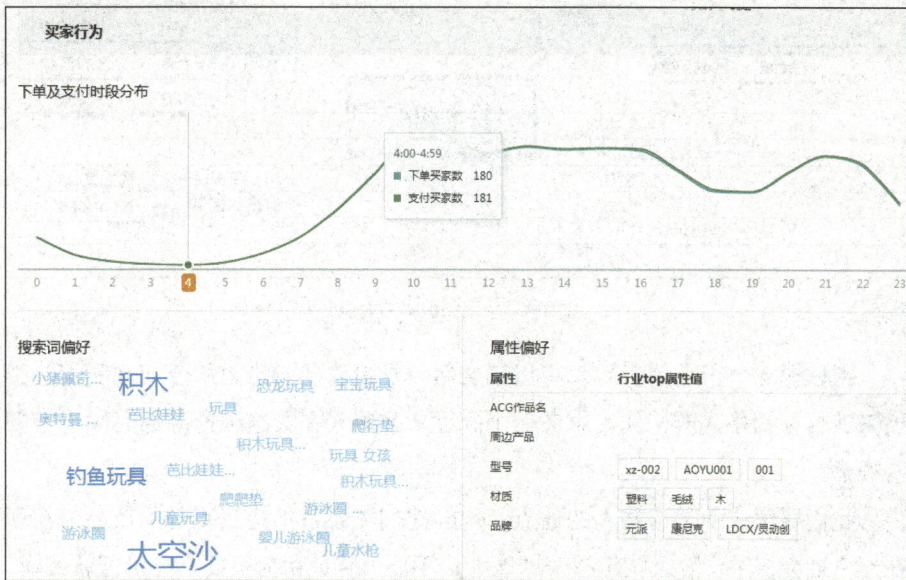

图9-13 买家行为分析

通过买家行为分析，我们可以分析目标人群，确定自己的产品到底要卖给哪一类人群。切记，在互联网上不要奢望把自己的产品卖给所有人。如果你期望将自己的产品卖给所有人，那么结果往往是谁都不愿意买你的产品。在做转化率优化的时候我们第一步要做的就是确定目标销售人群。

9.3 分析卖点，解决痛点

我们在推广一个产品的时候，一定要去分析产品的核心卖点有哪些？你有没有去考虑过这个问题？

如果到现在为止你还没有考虑过这个问题，那么你应该放下这本书，然后去找一张白纸，一条一条地把自己产品的卖点写下来，如果你找不出10个卖点，就别停下来，即使到了饭点也别去吃饭，强迫自己完成这项工作，因为它至关重要。

我们还是以前面提到过的积木为例，积木会有哪些卖点呢？如图9-14所示。

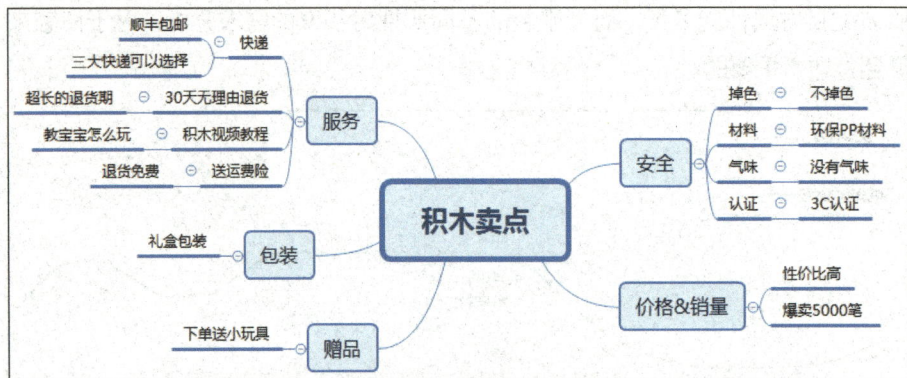

图9-14　案例积木的卖点

当你把一个产品的卖点都写出来之后，看着这些卖点，结合前文我们分析出来的目标销售人群，你去思考一个问题：这些人在买这个产品的时候会有哪些顾虑？

我们要解决的是这些人的痛点，这样他们才会下单购买我们的产品，在现在这个社会，中产阶级队伍越来越庞大，不要一味地认为只要产品价低就好卖，买家购买的是产品的价值和服务体验，而不仅仅是产品本身。

比如积木，根据前文分析，我们已经知道多是妈妈在购买，而且主要是办公白领在购买，且以一二线城市妈妈为主。这群买家对价格未必很敏感。她们在意的是这个产品能给宝宝带来哪些好处。安全肯定是她们最关心的，所以商家要多花些精力在页面中描述产品在安全性方面的优势。

另外，买家在购买的时候肯定会有顾虑：如果买回来的产品质量不好怎么办？退货的问题怎么解决？所以我们要解决她们的顾虑，比如提供运费险，提供超长的退货服务时间。你也可能会想，不能设定30天退货服务时间，万一买家玩了一段时间之后，不想玩了不也可以退货吗？一般来说，这样的概率很小，如果买家收到产品之后没有产生退货的想法，那么30天以后就更加不会退货了，甚至很多买家其实已经忘记了自己在哪家店铺购买了这个产品。所以你承担7天无理由退货和30天无理由退货其实是一样的，但是给买家的感受是不同的。

所有的人在买东西的时候都有从众心理，所以如果你的产品有很好的历史销售记录，就可以用来告诉买家，你的产品有多厉害，1个月可以卖1万多件，这样买家更愿意去下单。

你可以这样一个点、一个点地去分析用户的痛点，并在页面设计时予以考虑并解决。当你能够解决买家的痛点时，他们没有理由不下单购买。这是做转化率的核心。不能一味夸自己的产品有多厉害，其实你的产品好不好，跟买家没有关系，买家关心的是你的产品能不能解决他的问题，如果解决不了，那么再厉害的产品他也不会下单购买。

笔者接触过很多商家，大部分的人都停留在表述自己的产品如何好，但是很少有人会考虑其产品对用户有什么帮助，以致感慨用户不识货。其实用户没有认识到你的好产品，问题在于你自己，而不在用户。

9.4　微创新

笔者一直认为，在这个世界上，所有你想做的事情，都已经有比你做得好的了。我们的时代已经没有那么多机会再去发明，再去创造了。

所以我们要学会借力，学会模仿，这就是笔者想说的微创新。这没什么不好或者可耻。我们现在去看我们认为的最厉害的公司，难道它们不都是在别人的基础上成长起来的吗？站在巨人的肩膀之上，我们会离成功更近。

当我们确定买家人群之后，基本上产品价格定位也就解决了。这时我们可以分析同行业竞争对手是如何做页面的，他们的照片是怎么拍的，背景用什么样的颜色，等等。

通过对同行的分析，我们能收集到很多素材，而这些素材可能就是你在做页面的时候需要的。拿到这些素材之后，切记，千万别直接拿来就用，那是盗图，这不是一件光彩的事，系统现在正严格排查，且职业打假和商家现在对自己图片的保护比较重视，所以如果你有盗图，那么就给产品埋下了一个地雷，你不知道它什么时候会引爆，而引爆之后的代价是非常大的。

但是模仿不会有问题，比如图9-15所示的产品图。

我觉得这张图片非常好，让人看着很有食欲。那么我就可以把这张图片保存下来，交给摄影师，表示自己要一张一模一样的图片，请摄影师照这样拍，这就是我要的效果。摄影师按照要求拍后的照片就可以放心地使用了。

这就是笔者推荐的模仿，当然你也可以在这个图的基础上再做创新，比如你期望在下面加一个果盘做背景，或者多放一个杧果作为背景，这些都是可以的，这就是微创新。如果你的产品在你的同行那里已经卖得非常好了，那么他的图片和页面应该来说已经获得了淘宝系统的认可。你要做的就是在他的基础上比他做得更好。

图9-15　杧果的产品图

你可能会问：如果我全部抄袭他的可以吗？答案是否定的。如果你全部抄袭别人的，那么你怎么去跟他竞争？如果打价格战，利润空间就没有了，任何不赚钱的竞争，在笔者看来都是没有必要的。我们做店铺的目的就是赚钱，不赚钱，何必这么辛苦呢？

我们要在竞争对手的基础上做差异化，可以考虑做不同的人群、不同的价格区间，或者做不同的核心卖点。即使这些都一样，那么你还可以考虑怎么样做出不同的图片，包括背景色、文案的差异化。这样你的产品才会有生存的空间，不然很难存活下来，因为竞争对手已经有了销量的优势。

9.5　详情页设计模板

在每个运营团队，美工和运营之间的矛盾一直都是存在的，而且有的时候真的很难去协调。美工经常会从视觉的角度去考虑，怎么做更有美感，怎么样是符合视觉需求的；而运营考虑的角度是点击率、转化率。所以两者经常会有冲突。

为了缓和这种矛盾，在详情页策划的过程中，最好让美工和运营甚至客服都参与进来，大家一起讨论，最终确定一个模板，然后按照这个模板去做产品的拍摄和设计。提前且充分的沟通，可以让大家更好地合作，也能够通过头脑风暴，发挥团队最大的效能。

如果你能够严格按照笔者前面阐述的4个流程操作，那么到这里，你手里应该会有很多素材可以用。这时我们可以考虑组建产品详情页，就跟小孩子搭积木一样，做出一个详情页的设计稿，然后请美工和设计师根据设计稿，配合你设计页面。

9.5.1　黄金30秒

现在在移动端，买家在店铺的停留时间非常短，一般在一个页面的停留时间可能只有10～20秒。所以你一定要考虑如何去解决买家的痛点。

图9-16所示为一个眼镜的详情页，在首屏卖家写了4条：一年保修，支持免

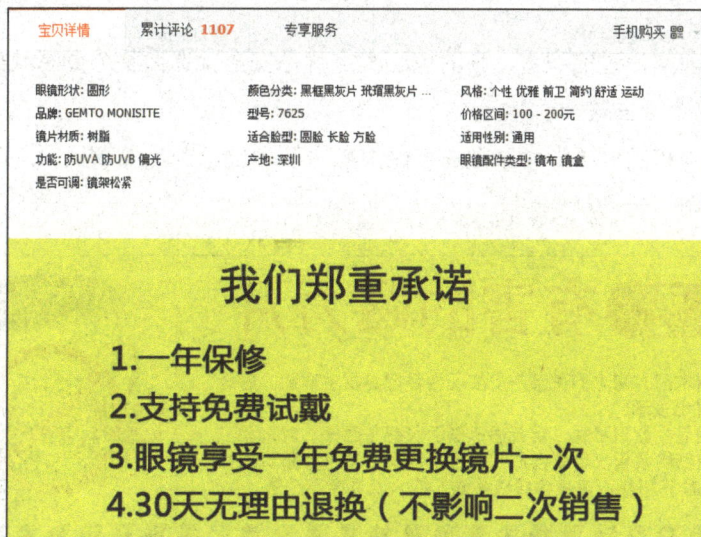

图9-16　首屏解决痛点

费试戴，一年内可以免费换一次镜片，30天之内可以无理由退货。这些内容其实是在分析了买家的痛点之后做的营销方案。当买家看到这里，他们就会消除一些顾虑，这样他就有继续往下看的动力。

在页面设计中有一个概念叫"黄金30秒"，这在之前PC端页面设计的时候提得比较多，但是现在在移动端买家浏览单个页面的时间连30秒都没有了，所以没有人再提这个概念。其实这个概念和心理学中的"首因效应"是一致的。首因效应简单来说就是第一印象，就是你看到某个人或物的时候的第一感觉，而这个感觉会影响你接下来对这个人或物的判断，后面你要改变这个判断需要花费很长时间。

设计详情页的时候也存在这样的情况，如果第一屏能够吸引住买家，那么接下来他下单的可能性就很大。

9.5.2　产品核心卖点

在前文我们找过很多卖点，但是产品页面里体现的核心卖点只能有一个，商家正是要吸引和转化对这个核心卖点感兴趣的买家。不要企图把所有的卖点全部表述出来，这样会导致买家看完页面之后什么印象都没有，也没有记住任何信息。

比如前文说过的积木，它的核心卖点就是安全，那么整个页面就需要围绕"安全"这个点去做。

图9-17和图9-18为商家做的"磁力积木"和自己产品的对比，说明自己的积木更安全。

图9-17　做磁力积木的对比说明安全性

环保全新PP料
无异味，安全环保

易拼插 不伤手
衔接紧凑，边缘光滑

图9-18 环保材料不伤手

又如，从材料和工艺方面强调积木的安全性，或者用买家秀来体现产品的安全性，如图9-19所示。

再如，用权威的证书说明产品的安全性，如图9-20所示。

我们会发现，这个产品的整个页面一直在强调安全，这就是主线，跟看电视剧、看小说一样的，里面只有一条主线。人们对宝马或者奔驰车都会有一个固有的印象，这个印象无论是亚洲人还是欧洲人，基本都是一样的：宝马的操控性很好，奔驰的舒适性很好。这就是对产品的第一印象。那么你的产品给买家的第一印象是怎么样的呢？

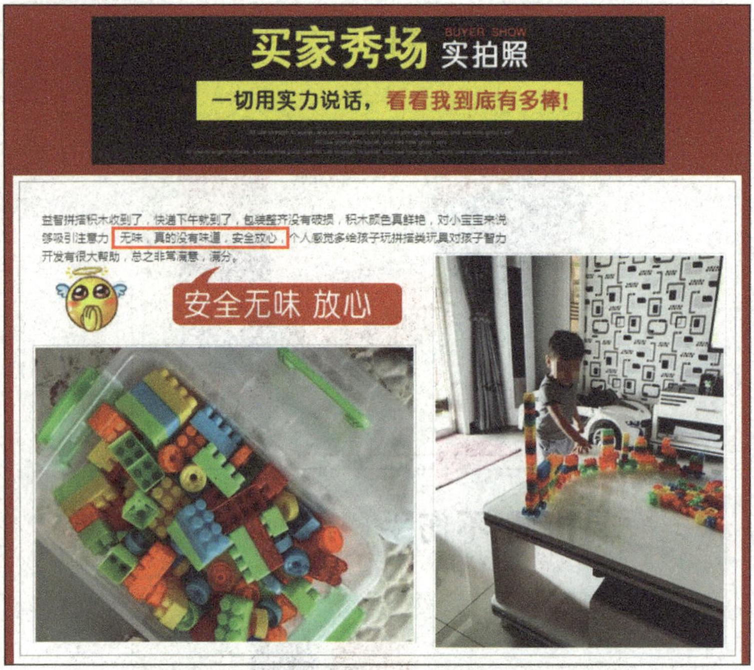

图9-19　买家秀安全

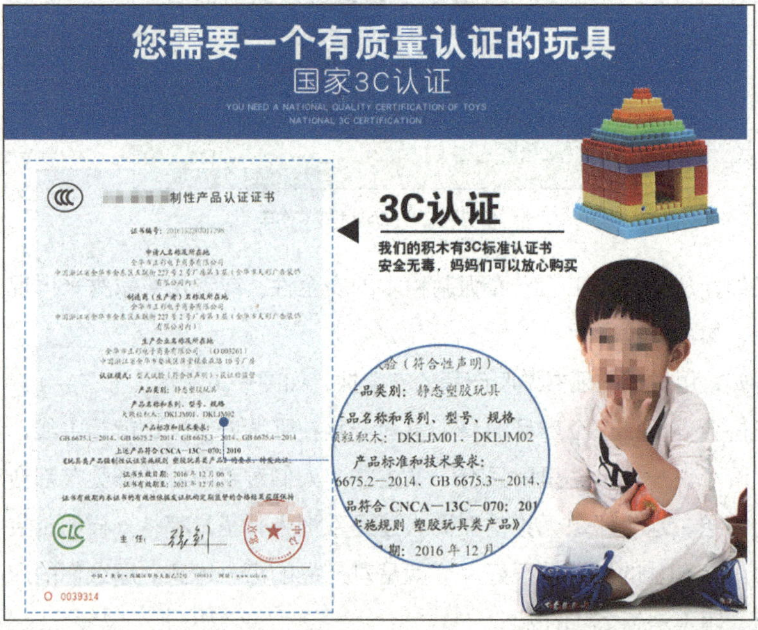

图9-20　3C认证

9.5.3　客户见证

很多买家在考虑下单的时候，希望有人能够告诉他这个产品到底怎么样。不少买家在淘宝购物时都会去看产品评价，如图9-21所示。对于商家来说，展示客户评价是一个方案，在详情页里，要去体现这样的内容。

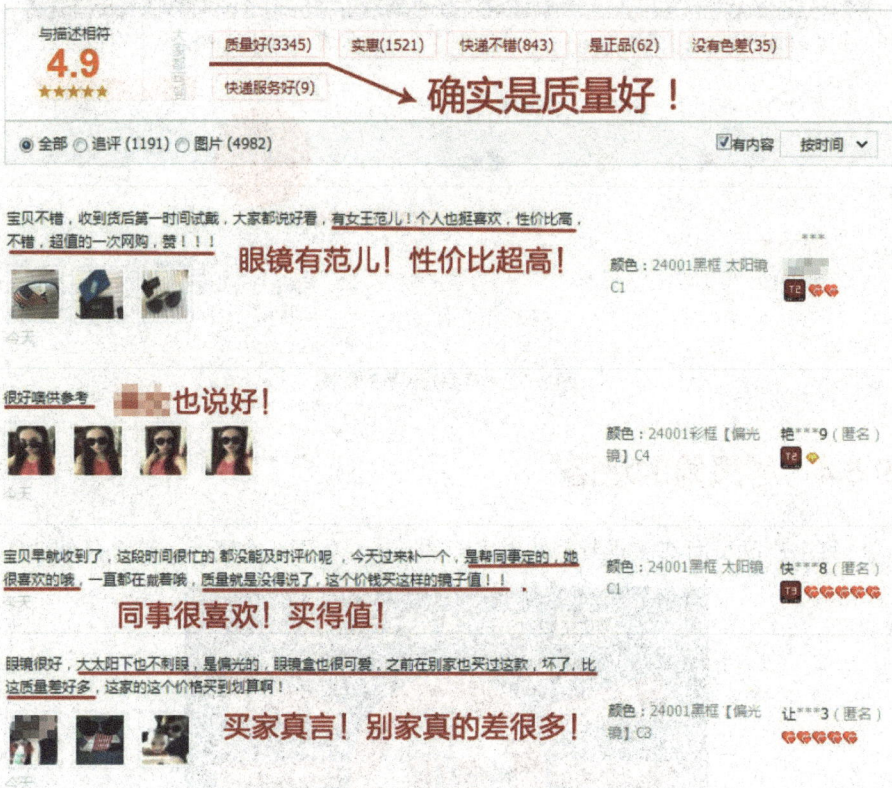

图9-21　客户评价截图

用客户的历史评价来证明你的产品是好的，是值得信赖的产品，这是一种方案。你也可以用其他的方案比如产品的好评率来说明，如图9-22所示。

这样的数据分析就相当于卖家告诉了所有买家：我卖了1万多件产品，只有8个差评，我的产品如果不好怎么可能做到这一数据呢？这是不是可以增加买家对产品的信任感？

这是详情页设计中要考虑的一个模块，即告诉买家你的产品是值得信赖的。

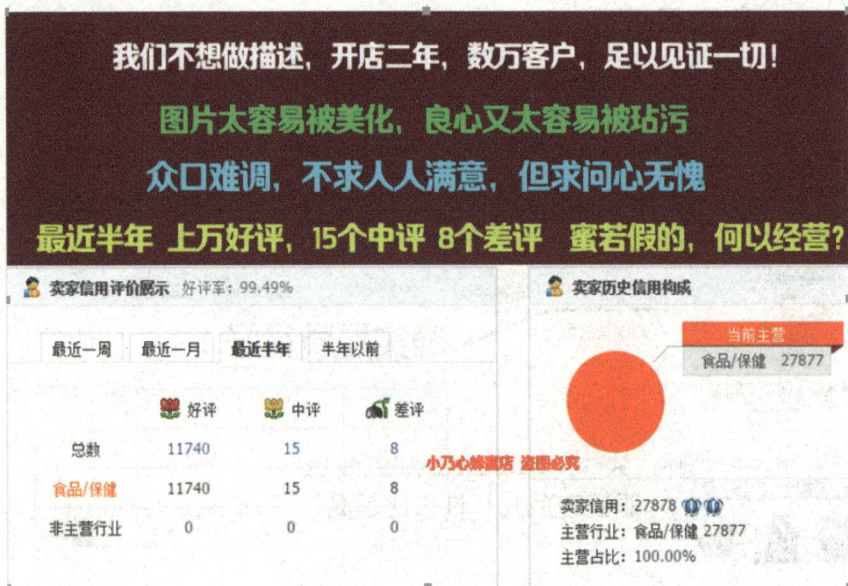

图9-22　产品好评率的数据

9.5.4　零风险的承诺

每个产品页面都需要考虑做零风险的承诺，如图9-23所示，这个是解决买

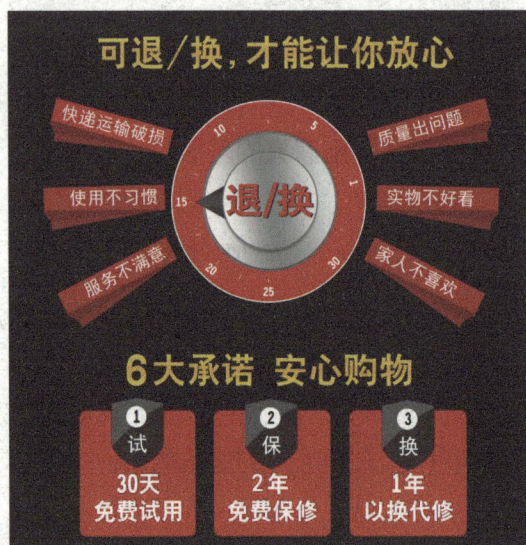

图9-23　零风险承诺

家痛点必备的元素。对于任何一个产品，买家在看到实物之前都会有各种顾虑。

零风险承诺可以让买家在下单的时候，少一些顾虑，他的潜意识会告诉他，买的产品万一有问题，我可以退货，不用承担任何风险。如果你提供了运费险，可以将之作为一个卖点体现出来：你退货，运费我来给你承担。

9.5.5　紧迫感营销

在详情页的最下面，一定要记得做紧迫感营销，让买家知道今天立马下单的好处在哪里，抓住买家心理，促使其赶紧下单，如图9-24所示。可能有些买家会说：我考虑一下，明天来下单。事实上，很多买家离开页面后十之八九第二天是不会回来购买的。

图9-24　紧迫感营销

除了以上5点，产品的细节图和展示图要围绕着产品的核心卖点去展示。通过对竞争对手的分析，我们可以去模仿竞争对手的素材来做设计。

综上所述，要想设计一个高转化率的详情页，卖家需要从买家的角度去思考自己的产品，要在详情页中解决以下几个问题：

● 买家为什么要在我的店里购买？

- 买家在购买我的产品的时候会有哪些顾虑？

- 买家为什么一定要今天下单购买？

- 如果买了不满意怎么办？

- 有没有人可以证明我的宝贝比较好？

在描述产品的时候，多去考虑你的产品可以给用户带去什么价值，记住，用户最终是为价值而买单。

后记

书写到最后，笔者感觉还有很多东西还没有分享给大家，所以最后再补充一下笔者个人对淘宝、直通车，以及培训的一些看法。

1．做淘宝还有机会吗

从2016年到现在，很多小商家做不下去了，很多人离开了淘宝，从事了别的行业；还有一些人做了职业差评师或职业打假。

从表面来看淘宝确实不好做了，因为流量成本增加了，对店铺运营的要求更高了。原来大家的观念就是做流量，流量来了，就会有订单。但是现在不这样了，有流量可能也没有订单。

这时我们就需要去研究更多有关营销学的内容。淘宝的本质就是零售，做零售就需要去了解买家的心理，去分析买家的需求。这对运营人员的要求就变高了。

之前我们认为淘宝是普通人走向成功的一个很好的平台。在笔者身边的朋友中，淘宝店做得很好、很大的，笔者发现都不是高材生。他们因为接触社会早、接触零售比较早、接触电商早，所以比还在上学的学生拥有更多的机会。但是越往后，这样的机会就越少了，专业化运营会倒逼所有的商家去学习更多的内容，包括视觉、品牌运营、团队管理、供应链管理等。如果我们跟不上，在某一个时间点就会被淘汰出局。这也是笔者认为很多淘品牌死亡的原因。

机会还是一直会存在，只是玩法变了，不再单纯依靠粗鲁地提升流量就可以了。可以这样讲："野蛮人"的时代结束了！

从平台整体的交易数据来说，80%以上的类目都是在增加的。淘宝2016年"双十一"的销售额为1 207亿元，从这个数据我们也可以看出来。可能有一些舆论会唱衰淘宝，但是笔者不这样觉得，因为用户行为到现在为止还没有很大的改变。只要这一点还没有改变，市场一直都会存在。决定我们能否赚钱的是我们有没有能力从中去切分属于自己的蛋糕，以及我们可以切下多大的蛋糕。

如果你还是一个淘宝商家，你还希望在淘宝这个平台赚钱，那么请跟笔者一样坚定地相信：淘宝依然是我们最好的选择。

之所以要说这些，是因为之前看到一些商家学员在做淘宝的时候，看到别人京东做得好，他就去做京东，看到别人微商做得好，他就想去做微商。笔者可以很肯定地告诉你，每一个平台都有机会，但是我们至少在已选择的一个平台上坚定地往下挖1 000米，看看能不能找到我们想要的金矿。

没有坚定的信念，笔者估计没有人会坚持去下挖1 000米，要相信自己选择的路！

2．直通车亏钱怎么办

直通车仅仅是一个推广的工具。

笔者期望大家能够正确地去认识它。很多人可能还是寄希望于用直通车帮助自己打造一个爆款出来。到目前为止，单纯依靠直通车来打造爆款，基本上不可能。我们需要有好的产品、好的供应链、好的视觉设计、好的团队。这些都是做爆款不可缺少的。

随着流量成本的增加，从PC时代到移动时代，很多类目的直通车推广流量成本增加了100%以上。在这种情况下，我们期望通过直通车赢利的机会就越来越少。笔者估计大概不到30%的店铺可以通过直通车来赢利，而且都集中在高利润的产品。那么对于剩下的70%的商家，其直通车运营的目的是什么？赚钱吗？不可能！

那么直通车还要不要开？要开！

既然要开，那么要怎么开？你首先要确定自己的目标和方向。如果你自己都不知道自己要去哪里？拿起车钥匙，发动起来，今天向南开，明天向北开，开来开去到头来还在原地，浪费的就是油钱。

开车的目的无外乎以下几种：养权重、测款、测图、拉流量、赢利（ROI）、搜索提权。在产品的不同阶段要做不同的事情。看完这本书以后笔者期望你可以对自己所要做的事情先有个明确的目的，然后再去操作或者再跟"车手"去沟通你要达到的目标。

3．别以为你的产品真的很厉害

产品是第一位的，任何的工具都是辅助。所以如果没有好的产品爆款，其他免谈。很多人都说自己的产品很厉害，这一点笔者认可，但是切记，如果买家不想买你的产品，那么再好的产品也没有办法在淘宝存活下来，这有别于线下销售。

笔者知道很多线下企业都需要转型，如果到现在这个点你还没有做互联网转型，那么可能有点晚了，但是晚做总比不做要强很多。笔者理解的互联网转型并不意味着你一定要自己去开个淘宝店铺，一年去做几千万元的销售额，并不是这样，能不能在网上做好销售，这需要基因。而改变团队的基因，真的很难，需要漫长的过程。笔者期望大家能够顺利地走上这条路，但是如果你真的走不了这条路，那么就放弃自己销售的路，找一些互联网的团队合作也是一个比较好的方向。

有些人可能会说：这样不行，分销商大了，他们开始压价，开始不跟你合作了，我就被控制在别人手里了。任何一个事物都有两面性，关键在于我们自己如何去控制和解决问题。我们自己做店铺、做产品销售何尝不是一样的道理？

4．关于培训和学习

过去一年，培训已经变得规范了，很多大家之前听说过的个人或者机构都消失不见了。总的来说，过去的一年里，大家对"培训"两个字的印象应该都不会很好，因为行业里面的"骗子"很多！（姑且用"骗子"这个词吧。）

整个平台的运营门槛提高之后，绝大部分的商家都会遇到门槛和瓶颈，这个时候最为快捷的突破方式就是学习。学习可以分为两种：一种就是交钱去培训结构学习，另一种就是跟同行交流。但是后面这种交流很难做到，在开放点的地方，同行之间可能会交流得多一些；在一些不开放的地方，同行会相互竞争。所以很多人只有一条路，就是出门去学习。

当我们选择学习机构的时候，该如何去选择？

第一，你要知道自己需要什么，也就是你想学习什么。每个细分的领域中，都有做得非常好的老师或者机构，你要多收集信息去找。

第二，不要只看数据。现在很多机构为了招生都会晒很漂亮的数据，数据是别人的，别人的数据要转化成为你的数据，这中间需要很多因素。不要中了数据的"毒"，之所以很多人会觉得自己被欺骗了，上当了，是因为大家看到很好的数据后，抱有很大的期望，但是最后发现这些技巧都没有办法落实到自己的店铺，给你带来切实的帮助。

第三，看实操和专业性。术业有专攻，笔者也期望能够通过一个课程就学会所有的东西，但是这种大杂烩的课程一般来说都只适合初级层面的培训。笔者建议大家找行业里面做得比较好的、一直都在实操的老师或者机构去学习。系统变化如此之快，脱离了实操的课程，基本上都很难落地。

第四，注重售后服务和口碑。学习之后到落地执行之间还有很长的路要走，所以如果一个课程只有培训几天，没有售后，这样的课程受益不会很大。另外，现在有些机构会聘请一些老师来讲课，如果你认可这个老师，笔者建议你直接去找这个老师学习，这样更加直接有效。这样说可能会得罪一些人，但是事实就是这样。选择售后服务相对好的课程，除了承诺的服务之外，最好再了解一下其口碑。如果承诺的服务做得比较好，那么口碑不会很差；如果承诺的服务很好，最后兑现不了，那么口碑就不好。

以上是给大家选择学习机构的一些建议。为什么要写这些？2016年，笔者接触到很多被坑的商家，少的被坑了几千元，多的被坑几万元，最多的一个被坑了十几万元。总的来说，其被坑原因就是不明确自己的需求，以及对技术的过度迷信。

我们自己也做培训，笔者跟行业里的朋友交流时，很多人认为培训是一次性交易，没有回头客的概念。笔者不认同这个观点，笔者相信未来培训的发展肯定会淘汰掉那些不重视效果、不重视服务的机构。电商的培训一定是依赖口碑营销的。口碑要做好，首先需要做好自己的课程和服务，花更多的精力去思考如何帮助商家赢利，而不是如何包装营销自己。

至此，笔者的这本《淘宝天猫直通车运营：精准引流与推广优化实战》就结束了，我很感谢大家对我以及御佳的支持，在未来，我期望能够跟大家一起成长。用真诚去面对我们的买家，用真诚去做我们的产品，我坚信真诚可以换来长久的订单！

震 宇